FINTECH BANKING

Pablo Blasco

FINTECH BANKING

LID

MADRID | CIUDAD DE MÉXICO | BUENOS AIRES | BOGOTÁ
LONDRES | NUEVA YORK
SHANGHÁI | NUEVA DELHI

Colección Acción Empresarial de LID Editorial
www.LIDeditorial.com

A member of:

BPR

businesspublishersroundtable.com

EAN-ISBN13: 978-84-18757-53-2
Directora editorial: Laura Madrigal
Corrección: Cristina Matallana
Maquetación: produccioneditorial.com
Diseño de portada: Juan Ramón Batista
Impresión: Cofás, S.A.
Depósito legal: CO-704-2021

Impreso en España / *Printed in Spain*

Primera edición: septiembre de 2021

Te escuchamos. Escríbenos con tus sugerencias, dudas, errores que veas o lo que tú quieras. Te contestaremos, seguro: info@lidbusinessmedia.com

Para Marina y Ana, la vida eterna.

ÍNDICE

AGRADECIMIENTOS

Me gustaría agradecer, en primer lugar, a David Jiménez Maireles, Ignacio Bocos, Victoria Gago, Jonathan Hayes y Javier Mira que hayan querido compartir su visión y su inestimable conocimiento en este libro. Es para mí un honor, y sirvan estas líneas como reconocimiento a su valía y esfuerzo.

Mi reconocimiento más sincero y especial es para Fernando Alamillo, excelso y generoso profesional, parte esencial de FinTech Spain y que sin duda ha contribuido a que el *think tank* sea lo que es hoy.

Mi agradecimiento también es para José Delgado Larena-Avellaneda por sus enriquecedores comentarios y sugerencias para que cada idea pudiera estar en su sitio.

Me gustaría dar las gracias a todo el ecosistema por su predisposición a participar durante todos estos años en los informes, estudios, programas formativos y eventos que hemos promovido con el objetivo de crear un espacio para la reflexión, el aprendizaje y el futuro.

También quiero dar las gracias a toda mi familia por su inquebrantable apoyo en cada paso que he dado en la vida y a mis amigos, para que podamos seguir compartiendo muchos días de libros, vino y rosas.

Quisiera tener un recuerdo especial para los profesores con los que, en las distintas universidades y escuelas de negocio, he compartido reflexiones, inquietudes y buenos momentos. Ojalá algún día el enorme talento docente que tenemos alcance la recompensa que se merece.

Para concluir, deseo que las últimas líneas sirvan de agradecimiento a todos mis alumnos por haber contribuido en estas dos décadas a que cada día quisiera ser mejor profesor. Espero seguir estando a la altura.

INTRODUCCIÓN

El *fintech banking* en la era del todo conectado

«Nada en la vida debería temerse, sino entenderse».

Marie Curie, científica polaca.

En 2030 el banco más grande del mundo no será un banco. En 2040 podrás tener una moneda digital con tu propio nombre. En 2050 la confianza consistirá en cinco líneas de código y tu algoritmo personal te financiará una compra en cualquier país del mundo. Eres un banco en potencia.

Al igual que ha sucedido en sectores como el de la venta minorista *(retail)* o el turismo, el marco de competición dentro del mundo financiero está siendo sometido a profundas transformaciones. Las fronteras competitivas tradicionales, en las que las entidades decidían qué debían contratar los clientes, se han visto ya superadas y los productos tradicionales van dejando paso a productos y servicios más innovadores en un sector en el que la tecnología empieza a ocuparlo todo. Los consumidores, hasta hoy en un segundo plano, comienzan a posicionarse como el alma de cualquier negocio que quiera transcender en este nuevo escenario en el que, además, conceptos como *confianza* o *privacidad* transmutan su significado, sobre todo para las generaciones más jóvenes.

Si la sociedad muta, las instituciones que la conforman tarde o temprano acompañarán este cambio y, como es lógico, las encuadradas dentro del universo financiero también deberán mutar. La gran incógnita es hacia dónde. Como apuntó el sociólogo polaco-británico Zygmunt Bauman, estamos en los albores de una modernidad líquida. Si la fluidez es la cualidad de los líquidos, de forma análoga la levedad será la cualidad de una sociedad en la que nada permanecerá en el mismo estado durante mucho tiempo, y para que algo sea líquido, ha de ser ligero. Las pesadas cargas que soporta el actual sistema (infraestructuras, sistemas legados, etc.) tienen que dejar paso a sistemas mucho más ágiles, flexibles y adaptables a cada escenario, momento y necesidad.

Las cadenas de valor tradicionales se diseñaron de forma lineal, con actividades secuenciales que buscaban la eficiencia en las operaciones y atender de forma homogénea a mercados masivos. En países como España el resultado de esta homogeneización ha sido determinante: todos los actores atienden todos los mercados, los grandes corporativos pierden el interés en la creación de valor, el cliente desaparece del centro del negocio y persiste la falta de innovación en producto.

La aparición de plataformas tecnológicas, *a priori* centradas en otros mercados, supuso un anticipo de lo que estaba por venir. Y, como veremos más adelante, las tecnologías que daban protagonismo a la conectividad han tenido gran parte de responsabilidad. Negocios en los que el usuario participa directamente en la creación de contenido, como Google o Facebook, o aquellos en los que se agiliza y personaliza la experiencia de compra, como Amazon, han tenido mucho que ver en la transformación de estas cadenas de valor.

La implicación del usuario en algunas de las actividades de la industria está impulsando la transición hacia cadenas de valor de doble vuelta *(double loop)*. Se trata de una nueva concepción que delimita cada cadena de valor como si fuera el viaje de una persona que quiere satisfacer una necesidad (a corto o a largo plazo, vital o accesoria) dentro de su vida: si la vida se torna líquida, cada viaje deberá ser líquido. Los clientes anhelan disfrutar experiencias creadas o configuradas por ellos mismos y no tanto que les vendan productos.

El impacto de este nuevo escenario ha de trasladarse de forma paralela a las estrategias de innovación de las empresas. Las tradicionales estrategias apoyadas en la capacidad tecnológica y de producto («creo algo y lo lanzo») deben dejar paso a estrategias centradas en el cliente y su comportamiento (observo al cliente, estudio su conducta, le consulto y priorizo sus necesidades) con iniciativas guiadas por la gestión inteligente de sus datos. Quedan desterradas ya las frases que tanto se han escuchado en muchos pasillos y reuniones durante lustros: «Tranquilo, yo sé lo que quieren mis clientes». Parafraseando a Jeff Bezos, CEO de Amazon, el margen de las empresas establecidas será la oportunidad de los nuevos entrantes. Primero se digitalizó la información y ahora se digitalizará el valor en un mundo en el que el coste marginal de la información tiende a cero.

Ante este nuevo escenario, la estrategia de cualquier compañía no dependerá tanto del control de sus recursos y capacidades como en el caso anterior, sino de cuán eficaz sea «gobernando su ecosistema» y del que podría formar parte cualquier empresa de la industria junto a su red de clientes y usuarios. Estos ecosistemas necesitarán unas reglas de juego, un grado determinado de apertura y una infraestructura tecnológica adecuada. A esto hay que añadir los dispositivos inteligentes, medios desde los que se podrá realizar cualquier operación simplemente con un toque de pantalla, una orden de voz, un gesto corporal o incluso, en un futuro, a través del pensamiento.

Se trata de un cúmulo de cambios asentados sobre plataformas, conectividad, ecosistemas, barreras que se difuminan, cambios en la estrategia de innovación y una normativa para competir; monedas digitales, *tokenización* de activos, *tokens* no fungibles (NFT), *smart contracts,* oferta inicial de monedas (*Initial Coin Offerings* [ICO]), *blockchain,* GPT-3; todos estos neologismos y siglas categorizan los nuevos productos surgidos desde el ecosistema *fintech* en el ámbito mundial. El futuro se caracterizará por la existencia de miles de consumidores y por sus infinitos viajes líquidos. Estamos entrando en la era de la digitalización de todo y del todo conectado.

De ahí que en esta evolución existan dos constantes vitales: las *fintech* como palanca de disrupción de los nuevos tiempos y el *banking,* la actividad financiera en sí, que va dejando atrás las figuras más tradicionales y que empieza a estar presente en nuevos modelos. Este es el gran reto para empresas e instituciones: dibujar escenarios que soporten altos niveles de incertidumbre y complejidad y desconocidos hasta el momento. Y no hay un mapa sobre el que fijar el plan; tan solo disponemos de una brújula para ir tomando decisiones conforme avanzamos y exploramos este nuevo territorio.

Este libro se descompone en tres bloques que vinculan la tríada mercado-*fintech*-tecnología. El primer bloque se dedica a las dinámicas que están asentando el mercado y que definirán sus límites en los próximos años: el cliente y sus nuevas formas de consumo, las fuerzas competitivas que regirán el ecosistema, los nuevos jugadores y su origen diverso y, por último, los modelos de negocio que están redibujando todo el panorama financiero. Con el objetivo de profundizar más en este nuevo ecosistema, el segundo bloque explica los principales formatos existentes tanto para empresas como para particulares: nuevos bancos digitales, préstamos, pagos, optimizadores financieros, anticipo de salarios, gestión patrimonial y el resto de actividades implicadas en la transformación. Además de los modelos aplicables a cada segmento, el bloque se cierra con un capítulo dedicado específicamente al nuevo mundo del dinero: criptomonedas, *tokens* y otros instrumentos que revelan un cambio de rumbo mundial. El último bloque se centra en detallar el impacto que están teniendo las tecnologías clave en la transformación de este universo financiero en función de la ubicación (hacia el exterior o hacia el interior de la empresa) y del foco de interés (el cliente o la propia organización). Así, encontraremos tecnologías enfocadas en la experiencia del cliente, en la creación de ecosistemas, en el entendimiento y la comprensión de los usuarios o en la creación de nuevas redes sin los intermediarios tradicionales. Y estas cuatro tecnologías orbitarán alrededor de los datos, de su gestión, de sus posibilidades y de sus características principales. La obra finaliza con un capítulo sobre tendencias con las cuatro fuerzas motrices que irán definiendo la trayectoria de este nuevo universo alrededor del cliente.

1. «SOY TU CLIENTE, CONÓCEME»

«El hombre es la medida de todas las cosas».

Protágoras, filósofo griego.

Todo es exponencial. La población mundial pronto alcanzará los diez mil millones de habitantes, los dispositivos inteligentes se contarán por millones y la cantidad de datos que seremos capaces de almacenar tenderá a infinito en unos años. Todo estará conectado para siempre.

Y al igual que ha sucedido en sectores como el alojamiento, la movilidad o el comercio electrónico, la evolución en la conducta del consumidor también se está viendo reflejada en la industria financiera. El cliente actual formula diferentes preguntas a las del cliente del siglo XX, por lo que requerirá respuestas distintas a las del siglo pasado.

Por este motivo, este capítulo trata de plantear algunas de las inquietudes y de los interrogantes que pueden ayudar a construir nuevos contextos a través de tres ideas fuerza: qué mueve a un cliente actual, las bases de una empresa centrada en el cliente *(customer centric)* y, por último, la estrategia omnicanal como conductor de la digitalización del negocio.

1. Un cliente que quiere ser singular

La revolución digital ha transformado la manera en la que la gente compra, consume, aprende y se comunica. Las nuevas formas de relacionarse, asentadas sobre las nuevas variantes tecnológicas, están siguiendo una pauta común:

- El consumidor ya no quiere que le vendan productos o servicios, sino adquirir experiencias.
- Las experiencias forman parte de su estilo de vida , por lo que anhela colaborar en su diseño. Se sustituyen frases como «sé qué producto quieren y necesitan mis clientes» por otras como «quiero crear y diseñar mi propia experiencia».
- Por lo anterior, se reubica el centro de la función de producción, que pasa de estar condicionada por la oferta y los canales masivos a guiarse por la demanda y los puntos de contacto.
- Las nuevas generaciones abandonan la idea de posesión y la sustituyen por el alquiler.
- Como consecuencia, el producto se transforma en servicio y el pago pasa a estar vinculado a variables referidas al tiempo o a las unidades empleadas.

Basta con mirar un poco a nuestro alrededor para darse cuenta de que actividades como contratar un seguro para un único viaje en coche, utilizar un servicio de movilidad sin que nos cobren, comprobar el saldo de nuestras cuentas corrientes desde una aplicación o transferir dinero a un familiar con una orden a través de nuestra voz son habituales ya en nuestra vida cotidiana. Aunque hay algo que a los usuarios no nos suele resultar tan amigable: gestionar nuestras finanzas personales. Veamos el caso de Eva.

Las finanzas son estresantes para Eva. Todos los meses ocurre la misma historia en su cuenta corriente: «una línea en negro y el resto de las líneas en rojo». Pronto aparecerá la ansiedad. Su nómina se verá consumida por el préstamo del coche, el alquiler, los gastos de la casa, la tarjeta de crédito y un seguro de vida que acaba de hacerse; el resto irá a una cuenta de ahorro que abrió el año pasado por consejo de una amiga. Acaban de llamarla desde su entidad para ofrecerle un seguro que cree que no necesita en este momento. «Y el mes pasado el préstamo en la aplicación por ser cliente preferente», piensa mientras en su cara se dibuja una sonrisa irónica: «y cuando realmente lo necesite, no me lo darán».

¿Qué pide Eva? Ser única, ser singular: «si otras aplicaciones de mi *smartphone* lo hacen todo tan rápido y se adaptan a mí, ¿por qué ellos no?».

Una visión centrada en el producto persiste en utilizar una misma forma de comunicar, en vender los mismos productos, en comunicar con los mismos argumentos y en no diferenciar canal y medio de contacto con el cliente. La consultora Bain realizó una encuesta[1] en la que se preguntaba a los participantes quién estaría dispuesto (literalmente, «*Respondents who are open to banking with...*») a ser cliente de una compañía tecnológica en ámbitos bancarios. Para ello proporcionaba dos alternativas: que la tecnológica tuviera menos de cinco años o que fuera una tecnológica establecida. De sus respuestas resultaron dos aportaciones muy valiosas:

- Los mercados emergentes son más favorables a hacer este tipo de actividades más allá de los actores convencionales (China, Colombia y Brasil por encima del 75 % de respuestas favorables).
- Las empresas nuevas aún están en peor posición, aunque en países como Brasil obtuvieron un 60 % de respuestas favorables.

Este capítulo no diferiría mucho de uno dedicado a analizar la evolución del cliente en otras industrias. Pero son finanzas y al consumidor suele crearle cierta desazón controlar estas líneas rojas y negras y entender qué derivaciones pueden presentar en su futuro. Si alguna conclusión es posible extraer de la situación de Eva, es que los valores que conformaban el escenario anterior y las instituciones sobre las que se asentaban estos principios están mutando su significado y transfiriéndose hacia otros jugadores en este nuevo universo.

¿Han cambiado los elementos que configuran la idea de confianza? ¿Quién ostenta hoy la confianza del cliente? ¿Pueden crear los nuevos formatos comunidades de seguidores fieles? ¿Quién es percibido como un servicio de calidad? Si se piensa en el concepto de *confianza* de nuestros abuelos, de nuestros padres, en el nuestro y en el que tendrán las generaciones venideras, parece que seguirá «con su camino». ¿Qué es valioso para Eva? Ayudarle a reducir la ansiedad a final de mes, simplificar los trámites que inundan su vida y proporcionarle cierta ayuda en su gestión financiera personal. Además, si la economía se está desintermediando a un ritmo avanzado y aparecen multitud de nuevos jugadores y tecnologías, ¿en cuántos actores podemos confiar a la vez para realizar actividades similares?

Si estas preguntas tienen calado e influencia en sectores en los que un usuario solo intercambia bienes o información, es factible imaginar que la importancia será mayor cuando se trate de solicitar una hipoteca o comprar cualquier máquina que haga incrementar la producción de una empresa en los próximos años. Si la evolución va dirimiendo la progresiva eliminación de intermediarios en las actividades y la operativa es puramente tecnológica, ¿es posible hablar de la tecnología como un tercero de confianza? Estas cuestiones se apoyan sobre un componente sociológico. Valor y confianza son los dos conceptos que están definiendo las primeras etapas de este nuevo paradigma.

2. Organizaciones con el cliente en el centro

Obtener una visión completa de cada cliente es el anhelo de cualquier empresa inmersa en el torrente competitivo que supone la transformación digital y tecnológica de toda la sociedad. Para lograr algo centrado en el cliente, es indispensable integrar pensamiento y acción (conducta) y tratar de responder a los interrogantes esenciales: qué y quién, por un lado, y cómo, dónde, cuándo y cuánto, por otro.

La primera cuestión, el pensamiento del cliente, nos permitirá entender la segunda (su conducta) y, con el tiempo, esta nos posibilitará inferir la primera.

- Quién es: valores, actitudes, aspiraciones, gustos, propósitos preferencias y afinidades.
- Qué quiere: objetivos y prioridades.

La industria financiera nativo-digital ha nacido con esta misión incorporada: conocer a la persona, contextualizar su estilo de vida y lo que supone, entender sus necesidades y preferencias y averiguar qué valora en cada tramo de su vida. Estas necesidades financieras abarcarán, como si fuera la pirámide de Maslow, necesidades de liquidez, de solvencia, de seguridad financiera a corto y a largo plazo, de previsión y autonomía financieras, etc. Y estas necesidades deberán acompañar a las que marquen el estilo de vida de ese cliente en cada momento. Si el contexto cambia, la necesidad también lo hará, y si la necesidad cambia, la experiencia del cliente dentro de una empresa ha de cambiar con ambos.

Pero para acometer esta tarea hay que acudir a una fuente directa que permita analizar, medir y contrastar cómo se revelan y manifiestan estos pensamientos que determinarán la experiencia de cada cliente:

- La experiencia de compra (cómo y cuándo): conveniencia, inmediatez, usabilidad, facilidad, adaptabilidad y en tiempo real.
- El canal elegido para llevarla a cabo (dónde): omnicanal y experiencia unificada en cada dispositivo.
- El valor conferido a esa experiencia (cuánto): modelos de pago por uso *(pay-as-you-go),* por suscripción, «compra ahora, paga más tarde», etc.

Por tanto, integrar ambas partes supone comprender el contexto de la persona, el contexto del momento y la situación y el contexto de la relación que deseamos tener con ese cliente y diseñar una organización que se adapte estos requerimientos.

¿Quién marca el estándar en la actualidad?

Es lógico pensar que los usuarios (sobre todo los denominados *nativos digitales*) no comparan las experiencias proporcionadas por sus aplicaciones financieras, sino más bien la experiencia entre todas las aplicaciones que inundan sus dispositivos inteligentes. El *smartphone* es, en ese momento, el centro regulador de las experiencias digitales. Y en este canal hay empresas de referencia en la experiencia de usuario. La consultora Boston Consulting Group realizó una encuesta[2] en la que preguntó a los participantes a quién les gustaría que se pareciera su banco: un 37 % de ellos respondieron que a Amazon y un 29 % que a un *personal shopper*.

Un nítido ejemplo de empresas y actividades ubican al usuario primero y, aunque no se puede tomar como definitivo, el resultado marca una tendencia cada vez más demandada por los consumidores en la industria: combinar servicios financieros automatizados con servicios de asesoramiento más personalizados.

Help me

La automatización de muchos servicios financieros es un hecho: acceder a y consultar la cuenta bancaria, realizar una operativa de pago con cualquier país o digitalizar una factura son ya elementos operativizados por la tecnología. El elemento diferencial está ahora en prestar ayuda y guía en cualquier parte de la relación, incluso en el propio enrolamiento, en la incorporación de un cliente al negocio *(onboarding)*, a la hora de abrir una cuenta corriente, por ejemplo.

Tal es el efecto que en el Digital Banking Madurity[3], informe elaborado por la consultora Deloitte, los clientes señalan como acciones clave aspectos tan sencillos como facilitar la entrada de datos de forma correcta y rápida, confirmar que cada acción está siendo procesada o mostrar un panel de avance en el proceso. ¿Cómo es posible ayudar a los clientes? En campos como el control y la optimización de las finanzas personales, con la creación de instrumentos de ahorro personales, facilitando herramientas de previsión y presupuestación, proporcionando programas de recompensas, apoyando el logro de objetivos financieros personales o asesorando en portafolios de inversión adaptados a las circunstancias personales.

3. Los consumidores no usan lo digital, son digitales

Imagina un vehículo eléctrico no tripulado estacionado en la acera de una calle. Pertenece a una conocida marca de comida rápida que ha creado una línea específica para los trabajadores de la zona financiera de la ciudad. Un persona se dirige al auto portando en su mano derecha el *smartphone*. En ese momento está decidiendo qué sería mejor: escanear el código QR que hay en la parte izquierda o permitir que una pantalla instalada en la parte superior del coche lo reconozca personalmente. Tras decantarse por la segunda opción, se ubica justo enfrente de la pantalla, y de forma instantánea se abre un compartimento del que extrae una bolsa con su comida de hoy. Cierra la puerta y vuelve sobre sus pasos al edificio en el que trabaja: «Rápido, sin esperas y en la misma puerta de la oficina», piensa.

Si el cliente es digital, el negocio también lo es. Si el cliente quiere y puede contactar desde multitud de dispositivos, el negocio debe orquestarse para que pueda realizar este contacto múltiple e integrar bajo un mismo proceso actividades tradicionalmente separadas y poco comunicantes entre sí (marketing, atención al cliente, producto, riesgos, etc.). Se trata de un diseño basado en el contexto y el impacto en tiempo real con un objetivo concreto y una solución específica en función del dispositivo empleado y de la necesidad detectada. Es lo que solicitaba Eva hace unos minutos: momento y producto. Un consumidor es sometido a diario a miles de estímulos visuales y auditivos y su capacidad de atención resulta cada vez más limitada. Por eso, donde esté su atención, estará él.

Para lograr este propósito hay que ir más allá del concepto tradicional de *multicanalidad* (en el que cada canal funciona como una isla) y asentar la estrategia sobre una visión integrada del cliente, sus necesidades reales y las capacidades tecnológicas necesarias. ¿Dónde empieza y termina la contratación de cualquier producto financiero? ¿Qué se necesita en cada parte de la búsqueda? ¿Qué comportamientos e ideas se pueden manifestar en cada tramo?

Existe un incremento exponencial de dispositivos, sistemas de comunicación y puntos de contacto con el cliente: de teléfonos a drones, coches inteligentes, frigoríficos o pantallas en la vía pública. Además, la especialización tecnológica es cada vez más relevante para configurar la experiencia de usuario, trabajar con el ecosistema de socios y colaboradores, etc. Y es posible ya recurrir a fuentes de información propias y externas, abiertas y alternativas, para armar una estrategia omnicanal real, todo ello con el objetivo de proporcionar al cliente experiencias en tiempo real, inmersivas, emocionales y ágiles.

Sin embargo, las dificultades en la implementación de una estrategia así nacen cuando, primero, los procesos de la empresa están enfocados en el canal y no se encuentran homogeneizados y, segundo, la cultura organizativa no está asentada sobre los principios del cliente y sí sobre los del producto (rentabilidad a toda costa, «enchufar» productos en campañas, etc.).

Se trata, por tanto, de establecer sinergias entre todos los canales y de que no actúen como islas, cada una con sus propias reglas, aplicaciones y misión. En su lanzamiento, una *fintech* configuró su aplicación móvil como el elemento prioritario de contacto con el cliente y habilitó, dentro de la propia aplicación y como complemento, un espacio de contacto telefónico solo para gestionar las incidencias de los clientes y con el compromiso de que nunca se utilizaría como instrumento comercial. Ante la desconfianza que puede suponer algo nuevo o la angustia que provoca un problema con la operativa, incorporar este tipo de herramientas potencia la confianza y favorece la fidelización de los usuarios. Además, en este nuevo escenario las tecnologías biométricas y cognitivas ayudarán a tomar decisiones para interpretar qué piensa y prefiere el cliente, cómo decide y actúa, en qué lugares ha estado, cuál es su nivel aspiracional y un sinfín de inquietudes más. Tal vez los clientes ya no queremos que nos solucionen nuestros problemas; quizás solo deseamos que nos acompañen en las experiencias que nos toca vivir.

Lo móvil ya no es el dispositivo; lo móvil es el propio cliente.

2. LAS DINÁMICAS COMPETITIVAS DE LA TRANSFORMACIÓN

«Nada ha cambiado y, sin embargo, todo existe de otra forma».

La náusea, Jean Paul Sartre, filósofo y escritor francés.

¿Qué factores han sido los responsables de quebrar la estructura tradicional del mercado financiero? ¿Qué actores están rediseñando la cadena de valor? ¿Es posible una apertura total de la industria? Los límites de una industria centrada en producto se van difuminando, los muros que no permitían la absorción de nuevas ideas están siendo derribados y se vislumbra un escenario competitivo confeccionado con mimbres distintos y nuevos protagonistas.

Este capítulo trata de describir y analizar los factores clave sobre los que se está asentando el incipiente marco competitivo financiero.

1. De la integración total al *totum revolutum*

Imagina la *web* de cualquier entidad bancaria. En el menú superior, todos sus productos y servicios disponibles: cuentas, ahorro, préstamos, planes de inversión, pagos, seguros, etc. Incluso hay un apartado con una pequeña muestra de *smartphones* y asistentes digitales para el hogar que podemos comprar y financiar en el instante. Cada uno de esos productos, cada actividad, cada servicio que se presta, son puntos de entrada directos en la cadena de valor de la entidad. ¿Cuántos puntos puede tener: 2000, 3000? ¿Por qué tantos?

En países como España la diferenciación en el mercado ha sido escasa. Todos los jugadores han ido copando progresivamente los mismos segmentos con productos similares. El resultado reflejó un modelo de banca universal en el que «todos hacían de todo sin distinción». Además de provocar una paulatina caída en los márgenes de negocio, el modelo universal se ha caracterizado por los siguientes puntos:

- La posición competitiva de las entidades en el mercado se ha ido asemejando y, más allá de los colores corporativos, la distinción ha sido cada vez menor.
- El «café para todos» provocó la creciente homogeneización de productos en frases como: «Lanzamos el mismo producto que nuestro rival más directo».
- La ventaja se centraba en la distribución y en su intensidad competitiva con modelos *market-driven* que exigían tener presencia física (oficinas y redes de colaboradores presenciales) en distintas geografías para captar cuota de mercado.
- La retención del usuario basada en la vinculación a un grupo de productos que en muchos casos no satisfacían necesidades primarias ni directas.
- Una escasa colaboración entre jugadores del mercado: «cada uno se hacía todo».

Sin embargo, países que habían mantenido una estructura más desagregada, con niveles de segmentación más amplios o que poseían una población altamente desbancarizada, se han comportado de forma muy distinta al permitir una evolución más rápida del mercado. Es el primer rasgo que ha caracterizado esta última década: pasar de pocos y parecidos a muchos y diversos y transitar desde la concentración hacia la atomización del mercado.

¿Y qué tienen que ver las personas en todo esto? Mucho, aunque antes es conveniente analizar el segundo mimbre: las plataformas.

2. Las plataformas y la reconfiguración de la cadena de valor

¿Qué es una plataforma? Un «modelo que emplea la tecnología para conectar recursos, personas u organizaciones en un ecosistema interactivo de acceso, conexión e intercambio de valor entre productores y consumidores»[1].

En primer lugar, por medio de la tecnología las plataformas han contribuido a eliminar las barreras espaciales y temporales en cualquier mercado (la Bolsa de valores permanece cerrada mientras la cotización del *bitcoin* sigue su imparable ascenso). Ahora cualquier persona u organización puede participar en una industria a través de este tipo de plataformas. En segundo término, es la comunidad de usuarios y *partners* quien crea valor, actores que operan «desde fuera» y no desde el interior y que configuran su ecosistema particular y poseen los activos que generan valor a través de la plataforma. El cambio de posición y rol en el mercado hace que la plataforma actúe más como un orquestador de comunidades y recursos externos. La dirección y coordinación de ambos requiere mecanismos de gobernanza. Bajo este enfoque, es fácil entender que plataformas de préstamos o nuevos bancos digitales hablen de «comunidad de inversores» o «comunidad de usuarios». Y así surge el siguiente elemento clave: el encaje entre producto y cliente, momento en el que los algoritmos deben convertir las interacciones en valor. Si las plataformas se caracterizan por tener una oferta amplia, no hay duda de que a más precisión del filtro, mejor usabilidad y mayor percepción de valor por parte de los usuarios.

¿Quién decide qué libro o canción ha de publicarse o qué noticia tiene que darse? En el mercado tradicional un editor (productor o jefe de edición) era la figura responsable de la decisión. Con la llegada de las plataformas, la decisión pivota hacia las comunidades de usuarios. Hoy un usuario puede subir su obra a una plataforma digital de autoedición y esperar a que los usuarios la adquieran, comenten y valoren en otras plataformas. Cambia la forma de acceder al mercado, de distribuir y, sobre todo, de generar valor. Esto es la *desagregación*.

«Usuarios como usted también compraron...», «Los usuarios han valorado...». A la hora de hablar de un producto, para nosotros tiene más legitimidad y confiabilidad un igual que la empresa que lo promociona y vende. Estas herramientas de retroalimentación, internas o externas, son empleadas ya por multitud de plataformas como señal de calidad y confianza en el mercado y han ganado mucho peso en la decisión de compra o inversión. E igual que ha ocurrido con las plataformas enfocadas en la agregación de información o contenido, lo mismo sucederá con el dinero. Porque el dinero en Internet no es un recurso tangible, sino información.

Las plataformas se pueden enfocar en construir y orquestar soluciones tecnológicas, en atender un mercado final de productos o en ambas. Esta separación, como se apreciará más adelante, ha dado lugar a algunos de los formatos de negocio dominantes en la actualidad. Tanta diversidad y atomización de productos y servicios puede despistar a los usuarios, incapaces de asimilar racionalmente toda la información disponible en el mercado. Y no solo financiera. De ahí que la racionalidad limitada lleve a un usuario a concentrar esta información en pocas aplicaciones. La primera opción se centraría en las superaplicaciones o *superapps,* que permiten una experiencia integrada: realizar reservas y compras, gestionar pagos o hacer trámites con las administraciones públicas desde un panel personalizado. Y todo acompañado de espacios para la personalización de productos, la curación de contenidos, las recomendaciones y notificaciones en tiempo real y la gestión de las finanzas personales, claro está. La segunda alternativa se centra en los asistentes inteligentes que funcionan por reconocimiento de voz. Aunque los usuarios están ya habituados a utilizarlos en su *smartphone,* cada vez resulta más frecuente encontrarlos en los domicilios particulares. Se trata de dispositivos de interacción directa, en tiempo real y con mínimo esfuerzo, sin fricciones y con un ecosistema de productos y servicios detrás completamente simplificado. Esto será la *reagregación.*

Y tras este distópico final, ¿nos queda a las personas algún hueco en esta función?

3. Las personas también aparecen en escena

«Aunque no eres un banco, tú haces *banking*». La sentencia puede sonar pretenciosa, pero cada persona es parte integrante de la actividad del sector (se ha tomado la acepción inglesa *banking* porque *banquear* tiene significados imprecisos e inadecuados para este fin). Este es el cambio real y tercer mimbre en el análisis: la entrada de las personas como parte activa de la actividad financiera. El uso masivo de las tecnologías incrementales de conectividad (*web*, aplicaciones, etc.) ha promovido la creación de un nicho denominado *de igual a igual* o *entre personas* (*peer to peer* [P2P]) que ha dado lugar, entre otras cosas, a la aparición de las plataformas colaborativas.

¿En qué actividades de la cadena de valor financiera es posible intervenir? Durante esta primera fase de la transformación, las personas a título particular y a modo de inversión han podido financiar:

- A otras personas: desde préstamos para estudios hasta financiación de productos innovadores. También entran en este apartado las donaciones para la generación de contenido (como está sucediendo con periodistas, artistas, etc.).
- A empresas: desde préstamos hasta la compra de acciones o la compra de productos.

Así, estudiantes, inventores, profesionales independientes, creadores de contenidos variados, *startups,* microempresas y empresas medianas se han visto beneficiadas de la incorporación de los individuos al sistema formal de financiación. Esto es *desintermediación* y *democratización* financiera. El individuo pasa a tener un rol doble y simultáneo como productor y consumidor.

4. *Open banking*: ¿ecosistema orgánico o empujado por la normativa?

Si se suman los tres factores anteriores, es factible anticipar que, por un lado, la demanda se amplía ostensiblemente y, por otro, la oferta encuentra muchos puntos de contacto con ella; y, como consecuencia, las barreras para competir disminuyen. Ante estas expectativas, resulta complicado que cualquier empresa recorra ya este camino sola y mantenga el mismo modelo de negocio y de ingresos sin modificar la visión que tiene del mercado y de su ecosistema.

Este ecosistema sería un espacio interconectado en el que personas y empresas tendrían oportunidad de acceder y disponer de un conjunto diverso e integrado de productos y servicios. Se trataría de un espacio abierto, con barreras «salvables» y asentado sobre variables como:

- El efecto de red: cuantos más usuarios posee una tecnología, más valor tiene.
- La interconexión con otros ecosistemas: el ecosistema financiero está interconectado con todos los sectores al tener actividades comunes para cualquier empresa.
- La experiencia de cliente: obliga a las organizaciones a esforzarse para hacer que el proceso de compra fluya y no haya obstáculos ni fricciones para el cliente. De ahí que pago y financiación estén «embebidas» ya en la experiencia de negocios digitales.
- Datos, datos, datos: con todas estas interacciones, los datos financieros generados constituirán uno de los puntos clave para que los algoritmos entiendan a los clientes y puedan diseñar productos *ad hoc* en función de cada contexto y de cada situación.

De hecho, según FT Partners[2], ocho de cada diez instituciones financieras están implementando alguna acción dentro del marco *open banking* en un mercado que en 2022 supondrá casi diez billones de dólares en todo el mundo. Además, y según esta investigación, para los consumidores de países como EE. UU. este tipo de banca entraña algunos riesgos relacionados con el robo de identidad, el uso de los datos para otros fines diferentes a los que se ha consentido y la posibilidad de compartirlos con terceros sin consentimiento.

En el caso europeo, la creación este nuevo ecosistema cuenta, además, con el inconmensurable amparo de la legislación a través de la Directiva Europea de Pagos[3] (PSD2), que regula los servicios de pago dentro de la Unión. El objetivo de la norma es crear un mercado único (que incluya transferencias, domiciliaciones, etc.), incrementar la competición y facilitar la innovación en el mercado para abaratar los costes y las comisiones de las transacciones.

¿Cómo influye la normativa en la creación de un entorno interconectado? La directiva europea aporta una novedad: permite a terceras entidades tener acceso a las cuentas bancarias de los clientes y a iniciar pagos en su nombre. A esta figura se la ha denominado *proveedores de servicios de pagos de terceros* (*Third Party Payments Service Providers* [TPP]). En la siguiente tabla figuran los roles que define esta normativa, su funcionalidad básica y las ventajas que comporta para los usuarios.

Tabla 2.1. Servicios originados por la Directiva Europea de Pagos

Servicio proveedor	Funcionalidad básica	Ventajas
Información de cuentas bancarias (*Account Information Service Provider* [AISP])	Agregar todas sus cuentas bancarias en un único lugar para obtener una posición global de su situación financiera	• Facilita el análisis de sus movimientos financieros y permite anticipar posibles necesidades • Son datos de calidad y fiables para que los algoritmos personalicen productos
Iniciación de pagos (PISP)	Iniciar un pago de la cuenta bancaria del cliente a la cuenta de un comercio mediante una interfaz «puente»	• En esta pantalla hay que cumplimentar los datos de la transferencia (importe, número de cuenta, etc.) e informar al comercio del inicio de la transacción • La normativa permite la realización de pagos a terceros desde una aplicación financiera utilizando cualquiera de sus cuentas (sean clientes o no)

Fuente: Elaboración propia a partir de la normativa europea.

Ambos servicios han originado la aparición de varios modelos de negocio y el establecimiento de algunas alianzas entre los nuevos jugadores y las empresas establecidas (incluyendo la compra de *startups*) para afrontar este nuevo escenario aún novedoso para los usuarios. Para garantizar que todos los actores «juegan» con las mismas reglas, los TPP (en una o en ambas actividades) son autorizados y supervisados por la autoridad competente.

Para conocer cómo está evolucionado en Europa, empresas como INNOPAY han lanzado una herramienta para la monitorización de los proyectos de banca abierta, conocida como *Open Banking Monitor*[4], y un Radar[5] para ir comprobando el número de TPP registrados en cada país miembro.

¿Cómo se establecerán tantas conexiones?

La forma de conectar tecnológicamente todo (accesos, consultas, pagos, etc.) será por medio de aplicaciones de conectividad[6]. Para que la apertura sea real y esté enfocada en el cliente y en la experiencia de compra, las entidades deberían compartir el estándar tecnológico (como lo hacen las páginas *web* o los servicios de correo electrónico). La banca es un negocio de volumen, por lo que escalar productos y servicios a través de muchas terceras partes supone un requerimiento para competir en este entorno digital y la hiperconectivdad será la base tecnológica de este crecimiento.

5. Industrialización y tecnificación de servicios

La infraestructura tecnológica de un país debe suponer una fuente de ventaja competitiva frente a otros. Actualmente el grado de adopción tecnológica depende tanto de la disponibilidad tecnológica como de la rapidez que demuestren los actores en aprender y adaptarse. Un mercado competitivo abarata los costes de acceso, adquisición y disponibilidad tecnológicas para que sea posible:

- Automatizar todo lo que deba ser automatizado y hacer eficientes los procesos para que todo sea más fácil y simple.
- Transformar productos en servicios: la automatización debe llegar tanto a los procesos operativos como a los comerciales. Desde pagar en una caja en efectivo hasta hacerlo con el móvil o desde comprar un libro en papel hasta posibilitar su lectura digital.

Ambas acciones constituyen la base para industrializar servicios a precio competitivo, de tal forma que la tecnología permita la entrada de más jugadores y clientes y se produzca el ansiado efecto de red. Como consecuencia, las *startups* pueden lanzarse al mercado con estrategias *tech-driven*[7] y basar su posición competitiva en servicios de bajo coste y productos centrados en la automatización de procesos y la tecnificación de servicios. Con la industrialización, estos modelos:

- Compiten sin limitaciones temporales ni espaciales.
- Unifican los procesos en torno al cliente independientemente del canal.
- Pueden conectar y desconectar productos en función de cada necesidad facilitando la microsegmentación y el impacto en tiempo real de un producto concreto.
- Reducen significativamente la necesidad de intervención humana.

¿Un banco compitiendo globalmente con una plantilla de doscientas cincuenta personas y no de veinticinco mil? Más barreras por derribar en el nuevo paradigma. En próximos capítulos se analizarán las tecnologías que están permitiendo esta automatización de los procesos operativos (prestar cualquier servicio) o comerciales (p. ej., el *onboarding* de un cliente).

6. Un sector hiperregulado

Es indudable que la industria financiera está sometida a una importante presión regulatoria con legislaciones de carácter nacional, supranacional (Unión Europea) e internacional. En el panorama internacional destacan los Acuerdos de Basilea III[8], un marco que establece requerimientos mínimos sobre regulación, supervisión y la gestión del riesgo de los bancos con operativa internacional. Además, como el resto de las empresas europeas, este sector se encuentra sometido a las directrices del Reglamento europeo de protección de datos (RGPD) respecto al almacenamiento y la utilización de los datos de una persona física.

Aunque siempre se habla en términos generales, los diferentes segmentos *fintech* están sometidos a regulación y supervisadas por los organismos competentes:

- Las *fintechs* del segmento de pagos o los agregadores de cuentas personales están sometidos a la PSD2 en sus diferentes roles[9].

- Aquellas que apuestan por la gestión automatizada de inversiones son agencias de valores (registradas ante el regulador nacional) y también están sometidas a la normativa MiFID[10].
- Las plataformas de financiación participativa ya cuentan con una normativa europea común[11] (España ya poseía una ley específica desde 2015 que regulaba esta actividad)[12] que permite entender Europa como un solo mercado para la financiación alternativa.
- En el 2020 se aprobó el Sandbox[13] español (un espacio controlado de pruebas) para establecer un marco regulatorio que apoye la transformación digital e innovadora del sector.

Dentro de la Unión Europea existe el denominado pasaporte europeo, por el que es posible competir en todo el territorio de la Unión con la licencia obtenida en uno de los países miembros[14] (con los consiguientes controles y comunicaciones con los diferentes supervisores). Por ejemplo, una empresa de esta naturaleza puede solicitar una licencia como «entidad de dinero electrónico» en un país concreto y, por medio del pasaporte, competir en el resto de los países de la Unión sin necesidad de obtener una licencia específica en cada país. Huelga señalar que durante los últimos años muchas entidades bancarias han aducido que otros actores no estaban sometidos a la misma regulación que ellas, aunque, como ha quedado constatado, la normativa está relacionada con la actividad que se realiza: los bancos se enfrentan a mayor presión regulatoria por su estrategia de entrar en todos los segmentos. El futuro vendrá determinado por los requerimientos normativos que las tecnologías exponenciales necesitarán para crear un marco de seguridad jurídica más amplio y, cómo no, por la irrupción de activos digitales, como las criptomonedas o las monedas digitales de bancos centrales. Este es el reto que abordaremos en el capítulo 7.

7. La reacción de las empresas establecidas

Es harto complicado abordar un proceso de transformación estratégica, organizativa y cultural en empresas con intereses internos dispares, niveles decisionales en los que prima la antigüedad y una estrategia de negocio que ha evolucionado tímidamente los últimos años. La necesidad estratégica de transformación ha sido desigual en muchas entidades que no han visto una amenaza real a su *statu quo* hasta la entrada *de facto* de las grandes plataformas tecnológicas en algunos segmentos del ecosistema financiero.

Y en esta tesitura se encuentran involucrados bancos, *redes* de tarjetas (como Visa o Mastercard), entidades financieras de crédito y de pagos, servicios de información crediticia y empresas tecnológicas afines al sector. En esta ralentización han intervenido factores a varios niveles:

- País: grado de dependencia financiera, nivel de cultura financiera de la población, expectativas por la entrada en vigor de la PSD2, etc.
- Mercado: cuota de mercado que posee una entidad en ese mercado, segmentos en los que compite, distribución geográfica, etc.
- Interno: rentabilidad del modelo tradicional, tipo de vinculación con sus clientes, cultura organizativa o su sistema retributivo, etc.

Como resultado de esta complejidad, cada entidad ha definido la transformación de formas muy dispares teniendo en cuenta su modelo y su estrategia, los países en los que compite, los requerimientos tecnológicos, el tipo de producto o servicio financiero, las nuevas normativas, su propio sistema legado, el *tempo* de implementación, la cultura interna, el sistema retributivo, etc.

Para responder a estos cambios y seguir creciendo, las entidades tradicionales han tenido que tomar decisiones sobre:

Productos y servicios: aplicaciones móviles, gestión de finanzas personales o empresariales, pagos y transferencias, divisas, monederos digitales *(digital wallets)*, préstamos, inversiones, criptoactivos, etc.

Desarrollos tecnológicos para automatización de procesos, conectividad con terceros, inteligencia cognitiva, creación de *data lakes* (sistema o repositorio de datos almacenados en su formato de origen, sin procesar ni filtrar), experiencia de cliente, etc.

Adoptar un enfoque holístico de canal (cualquier dispositivo actúa como punto de contacto con el cliente): procesos unificados y coordinados con foco en el cliente.

En un mercado que comienza a ser percibido como un ecosistema, la cuestión estratégica obliga a preguntarse si la curva de aprendizaje en este nuevo escenario contemplaría desarrollar acuerdos y realizar inversiones o adquisiciones de terceros y no solo proyectos internos. En España, con la PSD2 recién estrenada, varias entidades tradicionales apostaron por desarrollar internamente su estrategia, incorporando en sus canales digitales la agregación de cuentas de otras entidades o nuevos aplicativos de transferencias, sobre todo, ya que las prioridades se fijaron más en los desarrollos tecnológicos que posibilitan la creación de estos productos y servicios. Las alternativas externas engloban desde la creación de comunidades de desarrolladores, concursos de innovación, aceleradoras o incubadoras de *startups,* hasta las alianzas de cooperación y la creación de unidades de capital de riesgo (adquisiciones o inversiones, estratégicas y por mandato).

Cada una tiene un interés y un objetivo determinados y depende de la estrategia de cada empresa. Incluso alguna entidad está desarrollando toda su línea de digitalización de una forma distinta con la creación de un banco puramente digital desde el que dirige y gestiona las inversiones y adquisiciones que complementan su portafolio de servicios financieros. Por ejemplo, el BBVA comenzó hace más de una década su transformación y ha mantenido un rol muy activo en el mercado con la inversión (Solaris, ATOM y Coinbase) y adquisición (Holvi y Simple) de actores de referencia dentro del ecosistema, aunque ni la línea de adquisiciones ni la de desarrollos internos (Muno, Denizen y Azlo) han terminado de despegar. Banco Sabadell creó InnoCells, un centro de innovación digital en banca desde el que dirige sus inversiones nacionales e internacionales. Y la lista podría continuar con bancos relevantes, como Santander, JP Morgan o el ICBC, por ejemplo.

En países como EE. UU. 2018 fue el año que más inversiones concentró en esta industria. Las actividades que más atención recibieron fueron[15]: pagos, analítica de datos, mercado de capitales y contabilidad. Hasta ese año en EE. UU. solo diez de los cincuenta mayores bancos del país habían adquirido una *fintech*[16]. Como resultado, en muchos países la colaboración entre bancos y este tipo de compañías está cada vez más presente en temas tecnológicos y de producto, y ahora se puede ver reforzada con la aprobación de los bancos de pruebas regulatorios *(sandbox)* nacionales. El modelo de competición futuro lo requerirá: organizaciones abiertas, conectadas y colaborativas.

8. La inclusión financiera, motor de cambio

En muchos países gran parte de la población no está bancarizada (no posee una cuenta bancaria convencional, una tarjeta de débito o crédito, no tiene información crediticia disponible, etc.), sus conocimientos financieros son escasos y queda fuera del sistema formal, pero se da una interesante paradoja: un alto porcentaje de estas personas poseen un *smartphone* desde el que operar (hacer transferencias, consultar aplicaciones financieras, etc.). *Banking* presencial no, pero digital, sí. Tal es el nivel de cambio, que en algunos países en desarrollo se están digitalizando la banca comunal (préstamos regulares entre grupos de personas) o los pagos y transferencias de familiares que residen en el extranjero.

Además, se produce un efecto colateral: conforme crece la predisposición de los usuarios a manejar este tipo de herramientas y la sofisticación tecnológica del país aumenta, poco a poco mejora la educación financiera de sus ciudadanos[17]. Tal es el cambio previsto, que muchos competidores de este segmento poblacional han lanzado algún servicio complementario para mejorar la formación de sus usuarios a través de guías, tutoriales o redes de asesores (humanos y digitales), entre otros. En el caso de los países más bancarizados y con infraestructura tecnológica más avanzada, el efecto de la transformación también debería incidir en el análisis y la supervisión de los niveles de endeudamiento poblacional. La mejora de la educación financiera de la población supone uno de los grandes retos de la actualidad si los países quieren enfrentar el futuro de una forma más segura, transparente e inclusiva.

9. Siguiente paso: hacia un nuevo destino

Visualiza por última vez la *web* de tu entidad financiera con la que arrancaba el capítulo. Piensa ahora cuántos de esos productos pueden ser provistos por otros competidores. ¿Todos? Piensa, además, en quiénes podrían ser estos actores. ¿Cualquiera? Y piensa de cuántas formas podrías obtener todos esos productos de cualquiera de los competidores. ¿Infinitas? Cuando la información sobre cualquier tema está muy fragmentada y dispersa, el carácter limitado de la racionalidad humana tarda poco tiempo en intentar concentrarla en pocos puntos. El buscador de Google, un comparador de viajes o una *web* de entradas son claros ejemplos. Y lo mismo que ha sucedido en estos sectores ocurrirá en el sector financiero. La primera etapa de la transformación del universo financiero se ha caracterizado por la desagregación de productos y servicios mediante el uso tecnologías incrementales y la irrupción de una pléyade de competidores de muy diversa índole. A partir de aquí se perfila una etapa de reagregación, aunque asentada sobre tecnologías exponenciales (de la conectividad a la cognición humana), integrando numerosos puntos de contacto (el Internet del Todo implicará la digitalización de todo) y con el cliente activamente involucrado en los procesos.

El próximo capítulo se centrará en analizar a los actores y los modelos de negocio que han aparecido en los últimos años. Estos modelos van permeabilizando todos los sectores con su carácter abierto y ubicuo y los actores expanden los límites de la industria y la llevan al siguiente nivel, cuya procedencia está fuera de las fronteras del propio sector, y aterrizan con la ambición de convertirse en el centro del mercado.

3. LOS NUEVOS CONFINES DEL UNIVERSO FINANCIERO

«Solo lo que se parece difiere; y solo las diferencias se parecen».

Gilles Deleuze, filósofo francés.

A partir de ahora toca decidir qué tipo de empresa queremos ser: ¿un banco o una fábrica de *software*? ¿Venderemos productos de otros? ¿Ayudaremos al cliente como asesores o le dejaremos a su aire en la aplicación? ¿Todo esto no cambia la esencia de la compañía? Si se sigue el principio del naturalista francés Jean-Baptiste Lamarck[1] «la función crea el órgano y la necesidad crea la función», la respuesta es afirmativa y, si asumimos esta evolución, parece que la esencia de muchas compañías e industrias se verá obligada a progresar en los próximos años.

Hasta que ese momento llegue, el objetivo de este capítulo se centrará en delimitar los niveles en los que ha quedado desagregada la industria, conocer los diferentes actores que están incorporándose al mercado y detallar algunos de los modelos de negocio que van tomando forma en este nuevo escenario más abierto y plural.

1. Deconstruyendo el ecosistema financiero en un millar de piezas

La desagregación completa de la cadena de valor de la industria ha permitido convertir en producto o servicio externo cualquier actividad antes integrada en el negocio de las entidades tradicionales, desde una transferencia entre dos personas hasta la recuperación de créditos impagados, por ejemplo. Dicha separación permite clasificar y organizar todas estas actividades en tres niveles: la «interfaz que toca el cliente», el propietario del producto o servicio financiero y las infraestructuras críticas.

En el nivel del cliente se encuentran las actividades vinculadas a distribución, canales, dispositivos, puntos de contacto y pantallas. Como es lógico, se incluyen negocios físicos, plataformas, *superapps* o *marketplaces* de cualquier industria. En el caso específico del sector financiero, las pioneras han sido las aplicaciones *fintech* de gestión y de transferencias entre personas, base de la omnicanalidad y aplicable a cualquier sector que quiera integrar actividades financieras como parte de su propuesta de valor (pagos invisibles, financiación al consumo, etc.).

En el segundo nivel se ubica la provisión de productos y servicios: pagos, financiación, herramientas de gestión y presupuestación, divisas, ahorro, inversión, etc. Este nivel hace referencia a los propietarios y proveedores del producto financiero, en los que ya están integrados, en cada caso, los requerimientos normativos que emanan de la normativa correspondiente (licencia bancaria, entidad de pagos, entidad de dinero electrónico, etc.). Se trata del rol propio y tradicional del sector financiero en el que se encuentran bancos, entidades de crédito, *fintechs,* tecnológicas con negocio financiero, etc. La adecuación tecnológica entre ellos y los ocupantes del nivel superior será una de las palancas estratégicas a la hora de crear valor añadido para los usuarios. De esta vinculación nace la banca modular: conectar o desconectar productos en función de la necesidad de cada cliente en cada momento. Y como beneficio tangencial, se avanza en la creación conjunta de productos entre los diferentes actores del ecosistema y en el desarrollo de tecnologías de «marca blanca» o productos creados específicamente sobre la tecnología de un tercero (y que, como veremos, será una salida más al mercado).

En el tercer nivel se enmarcan las referentes a la infraestructura crítica: licencias, apertura de cuentas, *onboarding,* «conozca a su cliente» (*Know Your Customer* [KYC]), bases de datos y analítica avanzada, tarifas *(feeds)* de datos externos, gestión del riesgo y del crédito, tesorería, auditorías, fraude, blanqueo de capitales, tecnologías en la nube *(cloud),* biometría, *smart contracts* (programas que facilitan de forma digital las transferencias de activos digitales de acuerdo con las condiciones fijadas en el *software* que formula el contrato), etc. A los factores habituales se suman ahora las tecnologías de almacenamiento y automatización y la tecnología para realizar analítica de datos, gestión de riesgos y fraude y el cumplimiento normativo, entre otros. Y *startups fintech* o empresas tecnológicas especializadas en el mundo financiero han entrado a prestar este tipo de servicios, desagregando aún más las actividades de la cadena de valor tradicional.

La deconstrucción nos deja algunas reflexiones estratégicas respecto a la difuminación de los límites de competición y a la considerable reducción de las barreras de entrada para cualquier empresa en este escenario:

- Quien posea al cliente domina el mercado. Del primer nivel se puede inferir que *superapps* y plataformas tecnológicas poseen una clara ventaja respecto a otros actores.
- Este primer nivel marca el viaje del cliente en un negocio y el recorrido que plantea: buscar, comparar, transaccionar, comprar, etc.
- Como veremos en el siguiente epígrafe, la separación entre distribuidor y proveedor da lugar al rediseño estratégico de muchos modelos tradicionales que tienen que decidir si todo debe seguir siendo propio o pueden abrirse a alianzas con terceros.
- Hay que centrarse solo en las actividades que aporten valor: es posible hacer *banking*, crear productos financieros y crear canales de distribución innovadores con la tecnología de un tercero.
- Esto implica que muchos productos en el sector van a ser servicios básicos *(commodities)* y que habrá que encontrar nuevas formas de crear valor para el cliente.
- Los tres niveles han de ir direccionados hacia la experiencia del usuario: estar donde esté el cliente implica entender las necesidades, el momento de la compra y, sobre todo, el tipo de vinculación que se quiere tener con él.
- Como resultado, es posible anticipar qué tecnologías se ajustan a cada nivel. Separamos, por tanto, las tecnologías que están en contacto con el cliente de las que se hallan en una posición más secundaria.

¿Cómo unir los puntos? Plataformas y *software* aportarán mucho en este puzle. Tecnológicamente es posible anticipar que cuanto antes se creen estándares tecnológicos, más rápido se consolidará un espacio abierto y compartido con otros ecosistemas. Y si el producto financiero pasa a ser una *commodity,* algo estandarizado, habrá que prestar especial atención al impacto que este cambio tiene en los bancos tradicionales, por lo que el siguiente paso en este viaje se centrará en analizar los formatos y modelos más relevantes resultado de esta transformación.

2. La banca que no será banco: nuevos formatos y modelos de negocio

Siguiendo la estela de otros sectores, en el ecosistema financiero también se han segregado sus dos actividades clave: la distribución (con todos sus elementos: canales, experiencia de usuario, dispositivo y forma desde la que se contacta, modelo comercial, etc.) y la provisión del producto.

Dada la naturaleza abierta de un ecosistema, a esta separación hay que añadir otra dimensión: la posibilidad de que ambas actividades las realice la propia empresa o se efectúen a través de terceros. Como resultado, cualquier compañía puede decantarse por las siguientes decisiones estratégicas:

- **Decisión 1: Producción y distribución internas o propias.** En este modelo se produce una integración vertical y completa de actividades y es común verlo en:
    - Bancos digitales nuevos (con licencia propia), incluyendo los pioneros.
    - Bancos digitales creados por bancos tradicionales y *empresas de otros sectores* (p. ej., operadoras de telecomunicaciones).
    - Especialistas de producto (financiación, pagos, inversión, etc.).

  En este modelo los proveedores externos con los que se cuenta desempeñan un papel secundario en la cadena de valor de la empresa.
- **Decisión 2: Producción propia y distribución a través de terceros.** Es un modelo afín a los proveedores especializados en

producto o servicio, habitual en empresas con un producto homogéneo y posicionadas en costes. Como se mencionaba en el apartado anterior, en la colaboración de las compañías del nuevo ecosistema financiero que aplican tecnologías exponenciales con terceras partes, este modelo podría utilizarse bajo el formato de marca blanca en dos supuestos:

- El *partner* utiliza el producto de la empresa (créditos, inversiones, etc.) para lanzarlo con su propia marca y logotipo.
- Compañías especializadas ponen en el mercado su capacidad tecnológica para que puedan emplearla terceras partes.

En ambos casos, la forma de competir en el mercado es a través de modelos de *software* como servicio *(Software as a Service),* en el caso del mercado bancario, *Banking as a Service* (BaaS)[2], que es un «proceso de extremo a extremo *(end-to-end)* donde terceras partes pueden acceder a y ejecutar servicios financieros sin tener que desarrollarlos orgánicamente al conectar con los sistemas de los proveedores financieros para que puedan construir su propia oferta financiera». De esta forma, este modelo permitiría crear productos modulares (conectar sin configurar *[plug and play]*) y más customizables.

- **Decisión 3: Producción de terceros y distribución propia.** Es un formato muy eficaz para agregación de productos y servicios y resulta habitual encontrarlo en:
  - Gestores de finanzas personales (*Personal Finance Manager* [PFM]) en los que el usuario puede agregar sus cuentas bancarias en un único punto.
  - Neobancos con estrategias puramente digitales, en los que el usuario controla todo bajo una única aplicación y que dan acceso a otros productos y servicios financieros.
  - Distribuidores de productos especializados, como depósitos o fondos de inversión.
  - Comparadores de productos y servicios financieros.

  El modelo competitivo más común es el *marketplace banking:* el negocio mantiene la relación con el cliente y distribuiría productos y servicios de terceros para cubrir sus necesidades financieras presentes y futuras. Este formato se verá ampliamente representado un poco más adelante al hablar de los modelos y negocios específicos que componen el ecosistema *fintech banking*.

- **Decisión 4: Producción de terceros y distribución a través de terceros.** Es un modelo enfocado en plataformas como coordinadores u orquestadores de un vasto ecosistema conformado por numerosos proveedores y clientes.

  La plataforma actuaría como «curador» del ecosistema en el que cualquier empresa se podría nutrir de numerosos productos financieros (préstamos, pagos y divisas, financiación de facturas, identidad digital, etc.), habitualmente bajo demanda *y* mediante el formato «como servicio» *(as-a-service)*. Esta será la clave futura de las finanzas embebidas: cualquier industria podrá ofrecer este tipo de productos y servicios integrándolos en su propuesta de valor como una etapa más, lo que obliga a pensar que coexistirán diferentes tipos de plataformas en función del nivel en el que compitan y de las alternativas que integren en su propuesta de valor.

Plataformas en el nuevo universo financiero

Es evidente que en el universo financiero del futuro las plataformas también tendrán un papel protagonista al permitir a muchas terceras partes acceder a un amplio rango de productos y servicios financieros hasta ahora solo provisto por las entidades tradicionales. Si se conjugan y entrelazan las ideas expuestas en el epígrafe anterior, se puede configurar una concisa taxonomía de los distintos modelos de plataformas que existen:

- **Plataformas transaccionales.** Aplicables tanto a empresas como a personas, ponen en contacto a dos partes, habitualmente con un modelo basado en el *marketplace*. Este modelo permite abrir los tres niveles descritos a terceros, de tal forma que la plataforma puede contar con licencia propia o de terceros, producto propio o de terceros y tecnología propia o de terceros. En el caso financiero, es común verlas en formato de aplicación móvil en gestores de finanzas o neobancos. La aplicación actuaría como centro de control y operaciones financieras del usuario con herramientas de gestión y transacción proporcionadas directamente por la propia plataforma. Por eso las necesidades financieras más avanzadas o especializadas serán proporcionadas y cubiertas por estas terceras partes a través de un proceso inteligente de curación de producto y se distribuirán con el mencionado BaaS. Se trata de un formato muy propicio para lanzar al mercado un neobanco en el que la licencia y los productos pertenecerían a empresas especializadas y el centro neurálgico del negocio se centraría en la relación con el cliente (datos, transacciones, etc.).

- **Plataformas de productos y servicios.** Desde ellas es posible crear cualquier producto y servicio. Sus ventajas se derivan de cuatro pilares estratégicos:
  - Poseen licencia completa o de actividad concreta para actividades de banca *retail,* gestión de efectivo, emisión de tarjetas, etc.
  - Los productos están diseñados como BaaS (tarjetas de débito o prepago, cuentas, *wallets* digitales, fraude, KYC, etc.).
  - Pueden funcionar como marca blanca y de terceros. Por ejemplo, una tarjeta emitida por una plataforma autorizada para un gran almacén incorporada en un *wallet* que genere diferentes experiencias en el pago para sus clientes.
  - Conectan a muchas terceras partes de forma rápida, eficiente y asequible en coste.

  Los servicios pueden estar relacionados de forma integrada o desagregada, son modulares y están diseñados bajo el mencionado *plug and play.* Como resultado, estas plataformas pueden colaborar tanto con empresas del sector como con empresas de otros sectores que quieran incorporar un servicio financiero (tecnología y producto de marca blanca). El «producto como servicio» obliga a transicionar el modelo de ingresos hacia opciones basadas, por ejemplo, en el volumen de usuarios que se conectan, el número de transacciones o el número de llamadas a la aplicación.
- **Plataformas centradas en datos y conectividad bajo el modelo de *open banking.*** Son modelos derivados normalmente de la normativa de *open banking* existente en cada país: agregación de datos y cuentas, consulta de información financiera, iniciación de pagos (PISP), etc. Por ejemplo, es posible agregar todas nuestras cuentas bancarias en una única aplicación financiera (no

bancaria) sin que suponga ningún problema técnico o legal. O podemos iniciar un pago con el *smartphone* en una librería desde la propia aplicación, como se explicó en el capítulo anterior a la hora de hablar sobre la PSD2. La plataforma centrada en la banca abierta es la que está detrás de todos estos procesos para que la conexión fluya de forma rápida y sin fricciones. Como es lógico, dada la naturaleza sensible de esta información, las plataformas están autorizadas y supervisadas por un organismo financiero competente. Es posible encontrar este tipo de modelos operando en muchos países ya (Reino Unido, Zona Euro, Canadá, EE. UU., etc.) conforme van avanzando las propuestas de banca abierta en las diferentes partes del mundo.

- **Plataformas centradas en infraestructuras críticas.** Incluye infraestructuras vinculadas a la gestión de datos (bases de datos de clientes y procesamiento de datos), la configuración del producto (normativa específica, gestión de riesgos, etc.), la tesorería, la regulación y el cumplimiento normativo (blanqueo de capitales, fraude, contabilidad, etc.). Ahora estas actividades se han hecho *software,* se han digitalizado por componentes y pueden sustituir el rígido sistema tradicional y servir de ayuda para la digitalización y el acceso a nuevas capacidades tecnológicas de los actores más rezagados. Conscientes de la importancia que pueden tener a la hora de configurar nuevos productos y servicios, bancos surgidos desde el ecosistema *fintech*[3] y algunas filiales digitales de entidades tradicionales apoyan sus actividades centrales *en* ellas. Entre sus capacidades, una de las esenciales es la existencia de plataformas en la nube específicas y empleadas para productos vinculados a cuentas (tarjetas, autorizaciones, domiciliaciones, etc.), créditos (originación, cobro e información de riesgo en cualquier tipo) o depósitos, y también para actividades referidas a procesamiento de pagos, analítica de datos, *Customer Relationship Management* (CRM), contabilidad o herramientas de reporte regulatorio, por ejemplo. Así son las nuevas infraestructuras vinculadas al *core banking:* bajo demanda, basadas en costes flexibles, escalables por países, ágiles y capaces de configurar un producto en semanas.

El desarrollo de este tipo de plataformas será asimétrico entre países y dependerá del nivel de desagregación que tenga la industria financiera, del grado de sofisticación tecnológica requerida y del tipo de regulación existente (nacional, regional o local). Después de haber leído estos detalles, ¿imaginas a tu banco de toda la vida posicionado en cualquiera de estos formatos? ¿Por qué? He ahí la cuestión.

MEJOR PRÁCTICA *FINTECH BANKING*

Raisin. Una plataforma europea para democratizar la inversión y el ahorro

Hace unos años, en Alemania, surgió una de las *fintech* llamadas a protagonizar la transformación en Europa, con una clara misión: derribar las barreras existentes en el mercado de ahorro e inversión y hacer accesibles los productos más competitivos a todos los europeos. Y la mejor forma de superar estas limitaciones era centrar los esfuerzos en tres factores: crear una plataforma transfronteriza y conectada con bancos de toda Europa, mantener una relación directa con el cliente, y trabajar con un modelo basado en valores como la transparencia y la simplicidad.

De este modo, desde un formato de ventana única, su *marketplace*, cualquier ciudadano europeo puede acceder a una amplia gama de productos de ahorro e inversión proporcionados por entidades de toda Europa. Hoy, la compañía está presente en más de treinta países, cuenta con más de cien bancos colaboradores y la confianza de más de treinta y cinco mil clientes. Además, multitud de bancos europeos e instituciones financieras han integrado el *marketplace* de Raisin en sus propias plataformas para que sus clientes puedan acceder directamente a productos de otros bancos.

En la Unión Europea, el idioma supone un punto de fricción. La solución de la compañía ha sido cultivar una relación directa con sus clientes, lo que significa, por ejemplo, que la documentación necesaria para la contratación de un producto en España se proporciona en español, aunque el depósito se contrate en Italia.

Además, para un ciudadano medio, estos contratos suelen ser complejos, hay muchos productos y elegir entre una gama tan amplia puede resultar confuso; es difícil decantarse por alguno. Para superar este obstáculo, la empresa alemana hace hincapié en la transparencia, proporcionando a través de un proceso de filtrado toda la información relevante sobre un determinado producto con un lenguaje más claro posible, para que los clientes puedan encontrar los productos que mejor se alinean con sus intereses. Igualmente, los clientes pueden solicitar los productos seleccionados a través de un proceso sencillo con documentación estandarizada. Y es que el cliente, sus intereses y su experiencia están en la base estratégica del negocio.

Respecto a la última barrera, se ha visto superada por el desarrollo de la tecnología que permite a Raisin orquestar la relación con todos sus bancos colaboradores y en varios idiomas. La compañía da la posibilidad de unirse a la plataforma de dos formas: ofreciendo sus productos de ahorro a los clientes de Raisin o integrando los productos de otros bancos colaboradores de Raisin en sus propios sistemas. Como resultado, la *fintech* firmó una alianza estratégica con AVIVA, quinta aseguradora mundial, para ampliar el alcance de Raisin en el mercado del ahorro británico.

¿Y el futuro? Raisin ya está presente en toda Europa con sus plataformas de ahorro y su desarrollo estratégico continúa en el segmento de la gestión patrimonial y de inversiones tras la adquisición de Fairr.de, un proveedor de pensiones en Alemania, y el lanzamiento de su *roboadvisor*, Raisin Invest. Y el próximo reto será EE. UU., país donde ha iniciado su andadura con un modelo basado en «ahorro como servicio» *(Savings as a Service)* y con el apoyo de dos patentes tecnológicas propias y registradas específicamente para este mercado.

Filosofía de banca abierta, innovación tecnológica, desarrollo de mercados internacionales y una experiencia de clientes sin fricciones para sus clientes... así están liderando el futuro compañías como Raisin.

3. Las caras del cambio

¿La empresa que fabrica tu coche puede ser un competidor más del ecosistema financiero? ¿Y el gran almacén donde compras habitualmente los regalos de cumpleaños? ¿La marca de tu teléfono puede hacerlo también? ¿Y las empresas que te proporcionan wifi o la luz de casa?

Numerosos jugadores procedentes de sectores «no habituales» están lanzando proyectos dentro de la industria financiera fruto de la desagregación resultante en la última década. Aunque los motivos por los que entrar en el sistema difieren, dos razones parecen estar presentes en muchos: poseen importantes y heterogéneos volúmenes de datos de sus clientes y tienen el músculo financiero necesario para ejecutar desarrollos tecnológicos de esta naturaleza. Para comprobar la dimensión del cambio, el propósito en este epígrafe es ilustrar los ocho grupos de competidores más relevantes y algunas de sus actividades dentro del mercado financiero.

Las grandes empresas tecnológicas (*BigTech*)

Protagonistas indiscutibles de las últimas dos décadas, no hay duda de que aparecerían tarde o temprano en el sector financiero. Como es sabido, en esta acepción se incluyen las plataformas tecnológicas o transaccionales, y dentro del binomio tecnología y finanzas, estarían más próximas al primer término *(TechFin)*. Su diferencial competitivo es nítido: poseen gran capilaridad en el mercado internacional, cuentan con la confianza del cliente (y marcan el estándar en algunos atributos), apuestan por una estrategia «el usuario primero» *(user-first)* y tienen alrededor un ecosistema de empresas y usuarios del que es «difícil» salir.

En este espacio se encuentran empresas como Google, Amazon, Facebook, Microsoft o Apple en EE. UU.; Baidu, Tencent, Alibaba o JD en China; Yandex en Rusia; Mercado Libre en América del Sur; Rakuten en Japón, o Grab en India. S&P Global Market Intelligence publicó un estudio[4] en 2020 en el que quiso constatar el grado de aceptabilidad que tienen las empresas tecnológicas (Amazon,

Facebook, Microsoft, Google, Apple y Samsung) entre el público estadounidense a la hora de prestar servicios bancarios. El 40 % de los consumidores estadounidenses afirmaron «no ser del todo favorables» a trabajar directamente con este tipo de empresas (el nivel se dispara con Facebook), mientras que el 20 % eran «del todo favorables» a hacerlo, aunque solo con Apple y Amazon.

¿Qué actividades financieras realizan ya estas empresas?

Aunque las actividades que realizan pueden ser similares[5] (préstamos, seguros, pagos, emisión de tarjetas, moneda digital, cuentas, gestión de activos [*asset management*], etc.), existen matices diferenciales que es interesante resaltar:

- Todas las empresas realizan actividades dentro del segmento de pagos y transaccionalidad, tanto *online* como móvil.
- Las empresas chinas están más habituadas a hacer préstamos directos tanto a los vendedores como a los compradores. Esto también sucede en Latinoamérica con Mercado Libre.
- En el mercado de seguros compiten todas, bien directamente, bien a través de alianzas con jugadores establecidos.
- Por empresas, Alibaba y Tencent son las que más actividades financieras realizan.
- Las empresas chinas suelen estar muy integradas verticalmente y cuentan con un banco propio desde el que dar soporte a estas actividades, como WeBank (Tencent) o MYBank (Alibaba).
- Las empresas estadounidenses utilizan licencias parciales (pagos, entidad de dinero electrónico, etc.) o alianzas con bancos para dar soporte a estas actividades (aunque alguna posee licencia bancaria en Europa que aún no está utilizando).
- Empresas chinas como Alibaba y Tencent o JD y estadounidenses como Amazon o Microsoft también prestan servicios de datos para bancos tradicionales (agregación de fuentes, repositorios, analítica avanzada, etc.).

Un caso particular es el de Ant Financial, la *superfintech* propiedad de Alibaba, que compite en todos los segmentos de servicios financieros: pagos, patrimonio, seguros, préstamos o puntuación de crédito *(credit scoring)* a través de marcas especializadas: Alipay, Ant Fortune, Ant Credit Pay, Ant Cash Now, etc.[6]. Tal es el grado de penetración que pretende tener esta empresa, que ha llegado a un acuerdo estratégico con una compañía tecnológica especializada en *core banking* para ayudar a cualquier banco en la transformación inteligente de sus infraestructuras críticas. En el lado estadounidense, Google ha decidido lanzar Googleplex[7], evolución de sus servicios transaccionales hacia un modelo que integre también productos y servicios financieros (productos de ahorro, cuentas, etc.) bajo una configuración bancaria propia. Facebook a través de Messenger, WhatsApp o Instagram también está implementando algunos servicios transaccionales en pagos, mientras que Amazon realiza, de forma desintermediada, unas veinte actividades financieras. ¿Comprará pronto un banco?

Superapps

Han surgido gracias a los cambios de hábitos de los usuarios, el amplio grado de penetración móvil y el exceso de información y servicios. El formato es común en países muy populosos, como China, y permite que los usuarios puedan realizar cualquier actividad con cualquier empresa u organismo público desde una sola aplicación que actuaría como un «superecosistema», con un contenido filtrado, curado y personalizado para cada usuario y con acceso a cualquier servicio en un clic. La aplicación permite acciones tan variadas como realizar compras en el supermercado, reservar entradas de cine o efectuar cualquier procedimiento con las administraciones públicas. Y la gestión de las finanzas personales, los pagos en tiendas físicas o las transferencias entre usuarios tienen su propio apartado dentro de la aplicación.

La *superapp* más conocida es WeChat, perteneciente a Tencent, que vincula a unos ochocientos millones de usuarios. Al dar Tencent el soporte bancario también a través de su filial WeBank, el poder de mercado que puede alcanzar un formato así es inmenso. Los siguientes protagonistas serán India e Indonesia, donde Grab y Gojek, respectivamente, están implementando la misma estrategia que el gigante chino. En otras geografías, como EE. UU. o Europa, aún no ha surgido un proyecto similar capaz de aunar a mil millones de usuarios a este nivel, aunque aplicaciones de contenido social como WhatsApp o Instagram comienzan a dar sus primeros pasos en el segmento de pagos.

Bancos procedentes de operadoras de telecomunicaciones *(TelcoBanks)*

El tercer modelo al que hay que prestar especial atención es el generado desde las operadoras de telecomunicaciones. ¿Qué motivación posee alguien en este mercado para entrar en el universo financiero? Este tipo de negocios posee una amplia red de clientes y la joya de la corona: su histórico de conexión y navegación. Datos, datos y más datos.

Por eso existen algunas alternativas para entrar a competir en este mercado:

- Obtener una licencia bancaria y crear una entidad propia, como en los casos de Orange en Europa y Kakao en Corea del Sur.
- Realizar actividades de financiación respecto a dispositivos, importe de las facturas, etc.
- Realizar transferencias de dinero vía mensajería móvil, como el acuerdo entre Vodafone y M-Pesa que permite realizar transferencias con destino a África.
- Gestionar domiciliaciones bancarias (o suscripciones mensuales recurrentes), actividad fácilmente operable desde el punto de vista de la integración tecnológica y financiera.

Abundando un poco más en los modelos del primer punto, es posible anticipar que los modelos «solo móvil» *(mobile-only)* creados desde este potencial entrante pueden contener distintas estrategias de negocio. Orange Bank[8] apuesta por un modelo basado en servicios bancarios habituales, como la apertura de cuentas (corriente y de ahorro), tarjetas, depósitos, préstamos, etc., con algunos servicios digitales (*pasarelas* digitales, transferencias inmediatas, compartir pagos, facilidad en retiradas, etc.), y sus ventajas derivadas, como reducción de comisiones o simplicidad de uso.

Kakao Bank[9] es la filial de la operadora surcoreana Kakao. El dato que ha revelado el potencial de esta empresa es que fue capaz de captar a tres millones de usuarios en menos de un mes. En la actualidad el 80 % de todas sus cuentas siguen activas[10]. El banco digital, además de sus productos y servicios financieros, da soporte a todo el ecosistema que la operadora ha creado alrededor de KakaoTalk, su aplicación de mensajería social. En este ecosistema es posible encontrar desde videojuegos, música y *e-commerce* hasta servicios de movilidad. La costumbre asiática de integrar verticalmente sus empresas parece replicarse en la economía de las plataformas.

Software de gestión empresarial

Otro de los actores a los que hay que prestar especial atención en los próximos años es el de las herramientas tecnológicas que apoyan la gestión empresarial en cualquiera de sus ámbitos (*Enterprise Resource Planning* [ERP], CRM, gestores de contenidos para ecommerce (CMS), etc.), pues pueden actuar y convertirse en plataformas híbridas (transaccionales y tecnológicas avanzadas) para el mundo empresarial. No solo porque pueden realizar integraciones con servicios de terceros (digitalización de facturas e integración directa con la contabilidad, tesorería, impuestos, etc.), sino porque a través de sus sistemas pueden radiografiar la situación financiera de cualquier cliente y proponer soluciones en tiempo real.

Así, se estarían convirtiendo en un *marketplace* personalizado en el que una empresa con un problema de tesorería detectado, por ejemplo, a quince días vista, podría ofertar simultáneamente dicho importe a varios actores (bancos, *fintechs* financieras tradicionales, etc.) en ese mismo momento. Y todo sin salir de la aplicación. Se trata de otro canal con el que las soluciones personalizadas (que nos proporcionarán las herramientas de inteligencia artificial [IA]), la rapidez y la competencia lograrán incrementar el dinamismo en el segmento de financiación de empresas. Compañías como Shopify han desarrollado soluciones de pago abiertas a otras plataformas como Facebook o Google y un gigante como Salesforce ha firmado alianzas estratégicas en esta área para reforzar su futura línea de servicios.

Distribuidores/minoristas *(retailers)*

Muchas de las grandes cadenas de distribución han contado siempre con una empresa de financiación de crédito como parte de su actividad comercial. Con la entrada de PSD2, en Europa muchas están ampliando sus soluciones firmando alianzas estratégicas con terceros para proporcionar actividades de pagos, financiación al consumo o gestión de cobros. Y Walmart, el gran minorista estadounidense, ha dado un paso hacia adelante al decidir crear su propia *fintech*[11] y ofertar productos y servicios financieros impulsados por la tecnología y adaptados a sus clientes y asociados. Para ello, la distribuidora ha firmado una alianza estratégica con Ribbit Capital, compañía que tiene en su portafolio de inversión numerosas empresas que aplican las nuevas tecnologías a las finanzas. Este es un ejemplo que no sería desdeñable en otros países donde este tipo de empresas tienen una fuerte presencia en el mercado, una imagen consolidada y un portafolio considerable de servicios. Y, cómo no, la joya de la corona: sus históricos de consumo y compras.

Automoción

Desde hace varias décadas muchos fabricantes de automóviles han integrado la financiación en el proceso de compra, dada la rentabilidad que proporciona la financiación de los vehículos. ¿Es posible que un fabricante abarque más actividades dentro de la industria financiera?

En noviembre de 2020 Renault anunció el lanzamiento en España de Renault Bank[12], un banco de ahorro 100 % digital que ya estaba operativo en otros países, como Francia, Alemania, Reino Unido o Brasil. Por el momento la base del negocio se centra en una cuenta a la vista y un depósito a plazo fijo, aunque no están disponibles servicios vinculados a tarjetas o retirada de efectivo. Se trata de una forma distinta de captar dinero dadas las circunstancias actuales del mercado. ¿Se animarán otras empresas del sector?

Operadores energéticos

Dentro de una estrategia de ecosistema, la empresa energética Enel ha creado Enel X Financial Services[13], una línea específica con enfoque novedoso para proporcionar productos y servicios financieros a clientes particulares y empresas. Este proyecto se enmarca en un proyecto más global que abarca servicios de movilidad y soluciones inteligentes para el hogar. Y, como es lógico, los servicios vinculados a pagos son los primeros en aparecer en escena, aunque, como ocurría en el caso de los operadores de telecomunicaciones, la financiación o la gestión de domiciliaciones de recibos mensuales también podrían entrar en esta transformación.

Iniciativas digitales de los actores establecidos

Algunos bancos han optado por lanzar sus propios negocios digitales más allá de su propia aplicación móvil bajo diferentes formatos y los han materializado en proyectos enfocados sobre todo en la creación de bancos digitales (de empresas y particulares) y de operativa para transacciones y pagos. Estos proyectos suelen contar con el amparo normativo y legal de la entidad matriz y, como se explicará al hablar del ecosistema *fintech banking,* tienen características competitivas muy similares a las de los bancos que aplican nuevas tecnologías a las finanzas.

En el caso estadounidense, JP Morgan lanzó hace tiempo su propio banco digital, Marcus, con la idea de crear un portafolio de productos propio, y también un *marketplace* de *partners* alrededor. En España los proyectos e iniciativas en este campo tampoco han tardado en aparecer. Así, el banco de inversión Andbank lanzó MyInvestor, un neobanco especializado en inversión (fondos de inversión, carteras y fondos indexados) y con productos competitivos de la banca de particulares (cuentas remuneradas e hipotecas). Allfunds, la plataforma de distribución de fondos de inversión, también ha tomado la iniciativa para su digitalización con la compra de Finametrix, empresa especializada en el asesoramiento y la gestión de activos, y ha creado una filial, Allfunds Blockchain, que trabajará en la optimización tecnológica de la industria global de fondos. Algunas entidades han ido más allá, como el banco ruso Tinkoff, que está creando un ecosistema digital alrededor de sus usuarios que incorpora servicios financieros y además servicios para otros sectores, como los de entretenimiento, movilidad, turismo o educación. Por último, Visa ha adquirido Tink, *fintech* de referencia en Europa en banca abierta (agregación de datos, tecnologías de conectividad, etc.).

¿Nuevas formas de aportar valor a los clientes?

Este es el *totum revolutum* iniciado en el primer punto del capítulo anterior: empresas tecnológicas, *superapps*, *software* de gestión empresarial, empresas de telefonía, fabricantes de vehículos, distribuidores minoristas o mayoristas y empresas energéticas, a los que hay que añadir los bancos y entidades especializadas tradicionales y, cómo no, las *startups* del sector y los bancos digitales. La deconstrucción que se ha ido perfilando a lo largo de este capítulo permite desterrar los modelos de banca universal ya que empresas muy heterogéneas entre sí pueden competir en el mismo segmento de actividad. Se trata de nuevos competidores que buscan nuevas formas de entregar valor a sus clientes en otros mercados con otras perspectivas y que están reconfigurando las experiencias de la industria financiera.

El siguiente cometido, por tanto, se centrará en analizar las ventajas que tiene «unir todos estos puntos» dentro del nuevo ecosistema *fintech banking,* lo que debe sugerir un cambio de mentalidad que pasa por que la cultura corporativa se abra al mundo y la toma de decisiones no esté limitada a unos pocos. Si un ecosistema es un ente sin barreas y los clientes son cada vez más líquidos, las empresas tienen que evolucionar hacia ese nuevo ser.

4. El movimiento internacional hacia la banca abierta

La consolidación y las posibilidades que proporciona este nuevo escenario abierto constituyen un fenómeno que se está desplegando en varios países o zonas económicas, bien como marco normativo, bien como marco competitivo «voluntario»:

- Unión Europea: además de la PSD2, está funcionando un grupo de trabajo paneuropeo, The Berlin Group, que tiene como objetivo estandarizar y hacer interoperable la tecnología de acceso a las cuentas bancarias, mientras que la Autoridad Bancaria Europea (EBA) cuenta con un grupo de trabajo[14] sobre estándares técnicos de API para la seguridad del cliente.
- Reino Unido: a través de la Competition and Monetary Authority (CMA), articuló en 2016 la Open Banking Implementation Initiative (OBIE) para crear las guías y los estándares de *software* necesarios para la implementación de la banca abierta. En ese mismo país la CMA regula los nueve mayores bancos para abrir la información de cuentas y la iniciación de pagos con terceros mediante interfaces de conectividad.

- México: tiene normativa específica sobre banca abierta y permite compartir la información bancaria de los clientes a través de interfaces de conectividad (API).
- EE. UU.: la National Automated Clearing House Association (NACHA)[15] es un grupo de trabajo para la estandarización de las interfaces de comunicación entre entidades.
- Japón, Singapur, Australia, Brasil y Canadá: han lanzado o están a punto de lanzar iniciativas para consolidar la banca abierta en sus países.

La apertura influirá en la creación de modelos centrados en la agregación (prevención de fraude, medición del riesgo de crédito, KYC, ahorro e inversión, etc.), en pagos (en tienda, de persona a persona, de persona a máquina, biometría, *gateways,* etc.) y en la conectividad con otros sectores. En una investigación sobre el impacto del nuevo escenario basado en banca abierta en las diferentes áreas de negocio[16] realizada a directivos de toda la industria las tres principales conclusiones fueron:

1. Pagos: es el área de mayor impacto, sobre todo para los directivos bancarios.
2. Préstamos: tiene mayor incidencia para los directivos *fintech* que para los bancarios.
3. Depósitos y ahorro: igualmente, a esta área los directivos *fintech* otorgan un impacto muy superior al que dan sus homónimos en la banca.

Sin embargo, la normativa deja algunas cuestiones básicas sobre las que hay que reflexionar:

- ¿Quién es el propietario del dato? El cliente, que debe autorizar el acceso a esta información.
- ¿Quién es el proveedor del dato? Bancos, Instituciones financieras, proveedores de servicios de pago, etc.
- ¿Hasta dónde se puede compartir? En la mayoría de los casos la cuenta bancaria se convierte en el centro gravitacional de todas las estrategias de banca abierta, lo que puede afectar, según cada

país, a otras funciones: pagos y tarjetas de crédito, préstamos, hipotecas o incluso pensiones. Pero depende de la normativa y del consentimiento del cliente.

- ¿Cómo se comparte la información? A través de interfaces estandarizadas entre las propias entidades.

Una estrategia de banca abierta no debe ceñirse puramente a lo que dicta la normativa, sino superarla con creces; ha de suponer el punto de partida para establecer un nuevo escenario de competición, un impulso para que los clientes creen sus propias experiencias y sean estas las que delimiten los nuevos confines del universo financiero.

5. Los 31 nombres de la banca del futuro

Automatizada, inteligente, singular, abierta, distribuida, responsable, experiencial, autodirigida, robotizada, invisible, embebida, autónoma, descentralizada, desagregada, sostenible, cognitiva, emocional, colaborativa, modular, ubicua, biométrica, personalizada, bajo demanda, global, sin fricciones, inmersiva, *ad hoc,* ágil, aumentada, con propósito y en tiempo real.

Así será la banca que no será banco.

4. EL ECOSISTEMA *FINTECH BANKING*

«Banking is necessary but banks are not»
(La actividad bancaria es necesaria, los bancos no).

Bill Gates, 1994. Tres años y medio después
de pronunciar esta frase nació PayPal.

Durante décadas la dinámica comercial del mercado bancario se ha movido dentro de una ecuación con dos parámetros: precio y confianza. ¿Qué motivos tendría un cliente hoy para confiar en una *fintech* o en un neobanco digital? Conveniencia, tarifas más competitivas, comisiones más bajas, una experiencia de usuario más ágil, mejor tecnología, productos más ajustados, transparencia y claridad en las comunicaciones, recomendaciones de amigos y colegas profesionales, y la lista continuaría.

Este capítulo se propone realizar una introducción sobre el ecosistema *fintech banking* que sirva de anticipo a los tres capítulos posteriores, en los que se hablará, con más detalle, de aquellas relacionadas con las personas, las empresas y del nuevo mundo del dinero.

1. La consolidación de un fenómeno internacional

El número de proyectos de esta naturaleza no para de crecer en el mundo. No sería utópico pensar que en Europa pronto se alcanzarán las diez mil *fintech* o incluso el millar de neobancos en todo el globo. Y, como es lógico, esta industria cuenta ya con varios unicornios en el ámbito internacional.

En esta consolidación mundial han influido características tan diversas como:

- El potencial innovador intrínseco de los propios productos y servicios financieros: no es igual la disrupción en pagos que la innovación en gestión de tesorería, en hipotecas o en el mercado asegurador.
- Los costes de cambio de proveedor de servicios financieros, que disminuyen progresivamente en todo el planeta.
- La posibilidad real de diferenciación en este mercado, que ya no se ajusta a los parámetros convencionales del siglo pasado.
- La ampliación del alcance de la segmentación a nichos o micro-segmentos de mercado transversales y no atendidos: viajeros internacionales, trabajadores autónomos y de la economía colaborativa, *silvers* —personas que superan los 65 años—, e incluso menores de edad.
- La trayectoria tecnológica y la existencia de tecnologías complementarias para comparar y contratar de forma integrada (*webs* y aplicaciones).

Si se trata de cuantificar la progresión de este movimiento en el ámbito internacional, basta con atender a métricas como las del EY Global Adoption Index[1], un indicador que mide dicha dinámica en 27 mercados y del que es posible extraer algunas conclusiones:

China e India ocupan la primera posición, con un 87 % de adopción (fruto de la influencia de las filiales de las *BigTech*).

Francia y Japón ocupan los dos últimos lugares, con un 35 y un 34 %, respectivamente.

España ocupa la posición vigesimoprimera, con un 56 % de adopción (el promedio mundial de adopción se sitúa en un 64 %).

Y para que cada mercado se vaya asentando, alrededor de estas jóvenes empresas se localiza un heterogéneo ecosistema compuesto por empresas de inversión (*business angels,* capital riesgo, etc.), infraestructura tecnológica especializada, universidades y centros formativos, reguladores, grandes corporativos, *think tanks,* etc. Para consolidar este ecosistema, muchos países, entre ellos España[2], cuentan con un entorno de pruebas controlado desde el que ensayar proyectos tecnológicos avanzados en el campo financiero y que puedan ser regulados antes de su salida definitiva al mercado. No obstante, hay que incidir en que este tipo de empresas está sometido a regulaciones diferentes en función del tipo de actividad que realizan, como queda constatado a lo largo del libro.

Una de las ventajas que permite la desagregación se basa en la posibilidad de subcontratar una actividad a un tercero (licencias incluidas). De esta forma, muchas *fintechs* han podido lanzar sus primeros productos sin las cargas administrativas ni los costes iniciales que supone la solicitud de licencias a los organismos competentes. Esta opción ha permitido que gran parte entren en el mercado con un producto mínimo viable, centrándose «solo» en crear una comunidad de usuarios suficiente en poco tiempo para llevar el negocio al siguiente nivel. En empresas más especializadas el producto mínimo ha podido ser algo específico para inversiones, monitorización de crédito o préstamos. Y a partir de ahí, han seguido una evolución natural en su encaje producto-mercado (o han hecho de su tecnología un servicio). En el caso de los neobancos, muchos han seguido una estrategia de lanzamiento similar, con una aplicación móvil y una tarjeta prepago o de débito. No hay duda de que modelos basados en el *marketplace* tienen mayores posibilidades de crecer en producto a través de alianzas con terceros. Por el contrario, bancos digitales procedentes de las grandes empresas tecnológicas chinas han salido al mercado con un portafolio de productos y servicios mucho más amplio y completo: pagos, ahorro y préstamos.

Esta evolución ha modificado los modelos tradicionales de ingresos y precios del sector, al igual que ha sucedido en otras industrias en las que el *software* está creando nuevos formatos tanto de producción como de distribución. ¿Una tarifa de pago por servicio o mejor una suscripción? ¿Elegir entre una tarifa básica e ir probando o una profesional directamente? Modelos gratis, que integren parte gratis y parte de pago *(freemium)*, por suscripción, por uso, por volumen o *premium* comienzan a estar muy presentes en los servicios bancarios. Y también tarifas progresivas, enfocadas a necesidades mínimas o habituales y con la posibilidad de ir escalando en los servicios contratados. Son formatos con la misma estructura que los servicios de *streaming* de vídeo, un antivirus o servicios para la búsqueda de candidatos para un puesto de trabajo. El mundo se homogeneiza también en esto. Y esto es el universo *fintech banking:* modelos de negocio disruptivos, un ecosistema alrededor, tecnología avanzada para conectar y prestar servicios, nuevos formatos de distribución e ingresos, adaptación a la exigencias del cliente y agilidad, mucha agilidad.

2. Una taxonomía del nuevo ecosistema

Organizar y detallar todo el nuevo ecosistema es una laboriosa tarea. La cantidad de actividades realizadas por las empresas de este sector es tal, que una radiografía completa necesitaría una actualización mensual. A la hora de trazar una taxonomía lo más precisa posible, emergió una disyuntiva entre detallar actividad por actividad en capítulos dedicados exclusivamente a cada una o centrarse en el sujeto al que va dirigido la empresa agrupando las actividades. Y venció la segunda, por lo que el capítulo proporcionará una visión global del ecosistema y de las dinámicas competitivas en cada segmento teniendo en cuenta a quién van dirigidas, como se refleja en el siguiente gráfico.

Gráfico 4.1. Estructura del universo *fintech banking*

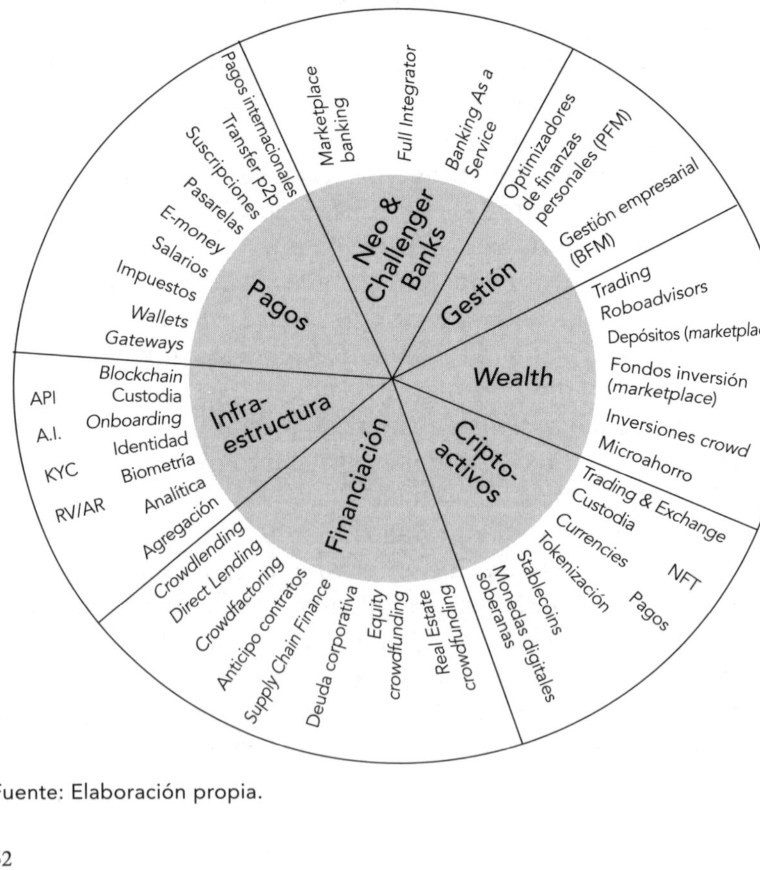

Fuente: Elaboración propia.

El capítulo 5 se dedica a conocer qué proyectos del universo *fintech banking* están centrados en las personas en segmentos como banca *fintech* enfocada en personas, PFM, pagos, financiación y *wealth management*. Obviamente existen algunas actividades a las que se presta mayor atención, debido a la importancia que han tenido en los últimos años a la hora de modificar las reglas del juego en un mercado poco dado a las innovaciones de modelos de negocio.

El capítulo 6 se centra en empresas manteniendo una estructura similar, aunque haciendo hincapié en las actividades del sector que han logrado abrir el mercado a nuevas dinámicas competitivas: banca *fintech* para empresas, herramientas para la gestión empresarial, pagos y financiación alternativa de empresas, además de un apartado especial para reseñar algunas empresas de infraestructura tecnológica que prestan servicios dentro del ecosistema.

Y, como en toda regla, hay una excepción: ¿dónde se sitúa el *bitcoin*? El nuevo universo del dinero comienza a fijar la línea narrativa sobre lo que serán las finanzas del futuro, por lo que debe tener un apartado específico en el libro. Así, el capítulo 7 trata de aclarar todos estos términos, analiza la creciente tendencia hacia la descentralización financiera (DeFi) y las implicaciones que pueden tener las criptodivisas, los *tokens* y las monedas soberanas digitales en la nueva economía.

5. EL UNIVERSO *FINTECH BANKING* CENTRADO EN LAS PERSONAS

Una sentencia ha sobrevolado foros, redes y blogs durante los últimos años: «*Bye, bye, Banks*».

Y, mientras decimos adiós, damos la bienvenida a los nuevos modelos de negocio que intenta abrir un mercado, el bancario, que lleva décadas girando sobre la misma estructura competitiva. ¿Qué ofrece ya el ecosistema *fintech banking* en este segmento?

Como ha quedado reflejado, la adopción de este universo está siendo desigual entre los países. El grado de dependencia de la banca, la sofisticación tecnológica del país y la legislación son factores que permiten explicar esta disparidad. Las diferencias con las entidades tradicionales parecen claras: rapidez en el procesamiento de operaciones, precios competitivos, negocio centrado en el cliente, menores costes, infraestructura tecnológica flexible, etc.

Para obtener una visión global de la estructura de este ecosistema, en este capítulo se desgranan todos sus segmentos, sus características y las actividades estratégicas que están liderando la transformación sectorial.

Estos cinco segmentos son: banca *fintech,* gestión de finanzas personales, operativa vinculada a pagos, financiación y gestión de patrimonio e inversiones (*wealth management*).

1. La nueva banca digital enfocada en las personas

Neobancos, *challengers banks,* bancos digitales, *mobile banking*... nuevos conceptos que han ido configurando el cuerpo semántico de la nueva realidad. Aunque su uso se ha hecho extensivo a todo el mundo, es lógico pensar que al inicio de todo este proceso los bancos *fintech* decidieron vincularse a consumidores arriesgados, innovadores y familiarizados con las transacciones a través de Internet.

Siguiendo la digitalización de la economía y el cambio de conducta en los usuarios, resulta obvio que este tipo de banca nace asentada en filosofías solo digital *(digital-only)* o digital primero *(digital-first),* apalancada en la gestión inteligente de datos, prestando atención estratégica a la conectividad con terceros y con la intención de crear un ecosistema alrededor del usuario. Los nuevos tiempos, además, requieren nuevos modelos de ingresos y que ratios comunes como la relación coste/ingreso por usuario se reduzcan significativamente (con la automatización inteligente de procesos podría rebajarse un 50 % este coste). No hay que olvidar que el coste de adquisición de cliente en este sector es muy alto y que productos como las cuentas bancarias (digitales) pueden mostrar aún rentabilidades inferiores a las de los bancos tradicionales.

Por eso las tres ideas fuerza sobre las que se asentará esta nueva realidad deben centrarse en delimitar los segmentos y nichos a los que está incorporándose la banca *fintech,* la influencia de la cuestión normativa y, por último, algunas particularidades de los modelos de negocio.

Si hablamos de la primera idea, la segmentación, los perfiles hoy están segmentados por otro tipo de contextos y situaciones:

- Colectivos de inmigrantes y expatriados y las necesidades financieras que surgen al llegar a otro país (identificación, cuenta corriente, pagos y transferencias, etc.).
- Menores de edad que pueden acceder a un amplio rango de productos y servicios en un contexto *smartphone* (ya existen plataformas para que las entidades puedan contratar cuentas bancarias bajo formatos de marca blanca).
- Perfiles avanzados en finanzas descentralizadas y en criptomonedas que quieren operar de forma colectiva con otro tipo de activos en bancos cripto.
- Viajeros internacionales que, más allá de las cuentas corporativas, desean tener una cuenta desde la que operar en cualquier moneda y en tiempo real.

- Nichos centrados en el estilo de vida de los jóvenes y en sus afinidades más personales (¿un banco solo para estudiantes?).
- ¿Un banco digital específico para la populosa *silver economy*? ¿Y solo para médicos?

El número de clientes de estos nuevos bancos va en aumento y muchos países ya cuentan con un «banco digital de referencia». Muchos bancos *fintech* ya han superado el millón de clientes en el país en el que compiten e incluso algunos los diez millones, compitiendo en varios países. Aunque está lejos de otros países, España cuenta también con un nutrido grupo, y a los conocidos Bnext, 2getherBank, Rebellion, Nøelse, Iban Wallet o Fundsfy se suman los bancos que aplican nuevas tecnologías a las finanzas de referencia en Europa, como Revolut, N26, Nickel o Monese[1].

La segunda idea clave supone abordar la normativa requerida para iniciar la competición. En este caso, la banca *fintech* debe decidir entre dos alternativas: obtener su propia licencia o emplear la de un tercero.

Si desea obtener por sí misma la licencia, podría ser:

- Licencia bancaria completa que le permitiría captar depósitos y realizar préstamos, comercializar cuentas bancarias, etc.
- Una licencia parcial para ser entidad de pagos o entidad emisora de dinero electrónico, por ejemplo (otros mercados, como el de valores, requieren licencias similares).

En este segundo caso se puede emplear la licencia de un tercero especializado en este tipo de servicios, sobre todo la de una empresa registrada como entidad de pagos[2], método frecuente en neobancos para evitar al inicio los costes derivados de su obtención.

¿Entonces somos neo o *challenger*? Teniendo en cuenta estos matices y según el criterio propuesto por Boston Consulting Group (BCG)[3], los *challenger banks* poseen licencia completa y su origen está en *startups fintech* independientes y empresas no financieras (tecnológicas, de telecomunicaciones, etc.). Es común que bancos *fintech* que optan por solicitar la licencia completa decidan entrar a competir en el segmento de particulares y en el de empresas. Según este criterio, son neobancos las empresas que cuentan con licencia

parcial (no completa) o emplean la de un tercero para realizar su actividad bancaria y enlazar actividad bancaria con muchos negocios: una aplicación móvil a modo de cuenta de pagos (con la colaboración de un tercero) y una tarjeta de débito (soportada por una red de tarjetas tradicional).

Y de aquí surge la tercera idea fuerza: definir los pilares del modelo de negocio. Con la disyuntiva de si hacerlo todo internamente (integración vertical) o abrirse a la colaboración con terceros en cualquiera de los tres niveles (interfaz de cliente, provisión de producto y desarrollo de infraestructuras críticas) para crear un *marketplace* de productos y servicios. En este momento entran en competición las diferentes plataformas: «dime qué necesitas y te diré la plataforma más adecuada» en la desagregación del *core banking:* para el acceso a nuevas fuentes de datos, el diseño personalizado de productos y la configuración de servicios complementarios basados en tecnologías avanzadas. Las posibilidades son variadas: tener o no licencia; si tenemos licencia, crear una infraestructura tecnológica propia, cuentas y tarjetas propias, pero con productos de terceros, y centrarnos en la comunidad de usuarios; no tener licencia, pero crear un mercado y que la infraestructura tecnológica sea mixta, etc.

En el mundo actual la base estratégica de cualquier negocio radica en diseñar la relación con el cliente. Por eso hay que apreciar esta relación también sobre el diseño de su experiencia como usuario y hacerla tangible a través de sus puntos de interacción y contacto, el auténtico momento de la verdad, que incluye todas las acciones realizables desde un dispositivo inteligente. Aunque muchos negocios pueden salir al mercado con la idea de que aplicación y tarjeta conformen su producto mínimo viable, las diferentes funcionalidades sobre las que diseñar esta primera versión puede abarcar:

- Cuentas: corrientes, de ahorro, de valores o específicas para criptomonedas.
- Administración de cuentas: agregación, resúmenes, posición global, por partidas, históricos, análisis por pares, etc.
- Herramientas de previsión, incluidos espacios para objetivos personales.
- Pagos, transferencias inmediatas, domiciliaciones e histórico de transacciones.

- Préstamos: consumo, hipotecas, etc.
- Seguros.
- Tarjetas: límites, códigos de seguridad, etc.
- *Onboarding* e identificación biométrica.
- Notificaciones y alertas.
- Información financiera: *feed* específica de noticias, preguntas frecuentes, etc.

Tras unos años en los que las aplicaciones financieras se han asentado entre diferentes grupos de usuarios, en el caso de las empresas emergentes el número de funcionalidades incorporadas se encuentra entre cincuenta y ochenta, una cantidad superior a las implementadas por las entidades tradicionales[4].

Para concluir, el último pilar se asienta en el modelo de ingresos. Hoy las posibilidades son innumerables: suscripciones, pago por uso o transacción, modelos *fremium,* etc. En un mercado que compite en volumen, con altos costes de adquisición de clientes (se podría cuantificar en un rango entre trescientos y quinientos euros) y un ciclo de vida de usuario muy prolongado, la rentabilidad del cliente es el primer hándicap que tiene este nuevo formato. Por eso es necesario crear una propuesta de valor diferencial, de ahí que algunos actores hayan apostado por crear *raving fans* (¿clientes apasionados por un banco?) y en asentar sus comunidades antes que en vender productos o servicios al estilo más tradicional.

Para comprobar el impacto que ha tenido este modelo de negocio en todo el mundo, basta con radiografiar el número de entidades de este tipo que están compitiendo ya en muchas zonas geográficas, como se refleja en la imagen de la siguiente página.

Gráfico 5.1. Número de neobancos por áreas geográficas en el mundo

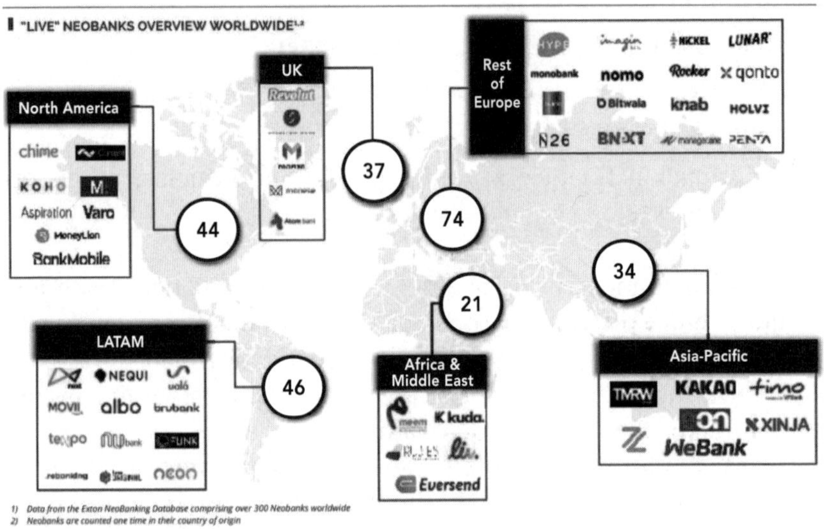

Fuente: Exton Consulting. *Global Report: Neobanks 2021: Shifting from growth to profitability.*

CONTEXTO FUTURO
La banca del futuro: embebida, invisible y personal

David Jiménez Maireles, Chief Experience Officer. TNEX

Durante mucho tiempo el sector bancario ha asumido que sus clientes serían siempre leales y estarían vinculados de por vida a sus «colores». La realidad ha sido muy distinta y su proceso de transformación digital no ha hecho sino acelerar la creación de más de trescientos bancos digitales a nivel mundial, capaces de alcanzar una base de millones de clientes en poco más de un lustro, con una experiencia de cliente cuidada y una propuesta de valor simple pero adaptada a la nueva realidad digital. Y es que el futuro pasa por que estas entidades entiendan que lo importante de la frase «necesito un préstamo porque quiero comprarme un coche» es la segunda parte. Los clientes no «quieren» un producto financiero; necesitan un producto financiero. Esta es la simple pero efectiva estrategia de los nuevos bancos digitales: ofrecer una solución bancaria a un problema no financiero. Productos simples, automáticos, personalizados y digitales. Cada detalle, cada interacción, están pensados para mejorar la relación con los clientes.

Pero los bancos digitales no son los únicos protagonistas. Gracias a las nuevas tecnologías y a los nuevos modelos financieros, banca y pagos como servicio, han emergido las «finanzas embebidas», una tendencia que promete hacer tambalear la cuenta de resultados de las entidades financieras. Aseguradoras, plataformas de comercio electrónico o de comida a domicilio y otros comienzan a ofrecer productos y servicios bancarios a sus clientes sin la necesidad de poseer una licencia bancaria. Se trata de colaborar para ser relevante. Con miles de *fintechs* creadas en los últimos años, los bancos tienen que aprovechar y acelerar su estrategia para convertirse en plataformas con buenos productos financieros. El futuro de la banca pasa por ser invisible; invisible para ser «proveedor de servicios financieros» de las empresas que tienen una relación directa con los clientes y se centran en sus principales fortalezas: la intermediación bancaria y la gestión del riesgo. Y también pasa por ser personal, algo que, más que un supermercado financiero, se convierte en una «plataforma de experiencias», identificando las interacciones diarias que pueda suponer un valor añadido (algo similar a una *superapp,* una aplicación de aplicaciones).

Queda por ver cómo estas entidades responden a la que probablemente sea la crisis más importante a la que hayan tenido que enfrentarse: repensar su modelo de negocio y redefinir su propuesta de valor en un medio que no es familiar y al que llegan tarde.

2. Los gestores de finanzas personales

Son aplicaciones móviles o *webs* que permiten a los usuarios agregar todas sus cuentas bancarias para tener un control global y pormenorizado de sus movimientos y accesible desde un único lugar. En España, Fintonic es la referencia.

De esta forma, un usuario puede categorizar gastos e ingresos, momentos temporales en los que se realizan, partidas en las que se gasta, alertas sobre cargos indebidos o sospechosos, visualización de datos históricos, etc., funcionalidades a las que se pueden añadir algunas más avanzadas para potenciar el análisis de estos datos, marcar objetivos, realizar previsiones o anticipar movimientos, por ejemplo. Y es que analizar datos puede determinar patrones de los usuarios y aportar sugerencias sobre cómo optimizar gastos o mejorar la tesorería personal del usuario.

En esta fase los PFM han creado, a partir de la posición global de las cuentas, una métrica similar a la puntuación crediticia o *credit score* tradicional (el conocido FICO de los países anglosajones) que sirve como métrica para avanzar hacia el siguiente nivel en el gestor: las decisiones financieras. Tomar decisiones impactaría en el bienestar financiero del usuario al analizar patrones a mayor escala y enfocarlos sobre la consecución de objetivos financieros más concretos y específicos. Utilizando la puntuación obtenida por esta métrica de riesgo, muchos gestores personales cuentan ya «detrás» con un *marketplace* de productos financieros y servicios digitales (apertura de cuentas, servicios de suscripción, etc.) que realiza sugerencias particulares a cada usuario. Estos productos son proporcionados, como sucedía en el caso anterior, por *partners* especializados en una necesidad: liquidez, seguros, préstamos, inversiones e incluso productos vinculados a la jubilación. La contratación del producto se suele hacer directamente con el *partner*, aunque es cada vez más frecuente ver el proceso integrado desde el propio gestor.

Y, por último, realizar previsiones supondría contar con elementos avanzados para la gestión inteligente de la información financiera del usuario. Así, se incide sobre su bienestar a largo plazo empleando la analítica predictiva para anticipar potenciales necesidades según sus objetivos futuros. Es interesante sugerir que bancos digitales y PFM muestran ciertas similitudes en sus modelos comerciales (mecanismos de detección y contratación de productos) y de ingresos. Este formato ha priorizado devolver el control de las finanzas personales al usuario y ayudar a mejorar la educación financiera de las personas. Para concluir, hay que advertir que en Europa este tipo de negocios se consideran AISP[5] y que muchos gestores han optado por solicitar ser, además, PISP.

3. Los pagos en el contexto digital personal

La tecnología elimina las fronteras espaciales y las fricciones que pueden surgir en un proceso en el que intervienen varios actores, con una normativa específica y que implica ciertas condiciones de riesgo en cada transacción. Tal es el ritmo que está adoptando este segmento, que incluso la Unión Europea ha tratado de promover, dentro de la Single Euro Payments Area (SEPA)[6] y a través del Banco Central Europeo (BCE) y el European Payments Council, un protocolo denominado *Target Instant Payment Settlement* (TIPS[7]) para realizar y liquidar transferencias de forma permanente e inmediata (aplicable tanto a personas como a empresas).

¿Qué iniciativas dentro del ecosistema de pagos están más enfocadas en las personas? Pensamos que, por sus características, las más próximas son: *wallets,* transferencias entre personas, gestión de suscripciones y rembolso de impuestos en viajes internacionales. El resto de las iniciativas, de los pagos en tiendas a los anticipos de nómina, se han incorporado en un apartado del capítulo dedicado a las empresas.

Wallets

Monedero o billetera, para dinero de curso legal (*fiat*) o criptomoneda, virtual, *mobile* o digital. Esta sucesión de nombres define otro de los fenómenos surgidos de la revolución tecnológica en el ecosistema financiero mundial. En sentido amplio, un *wallet* es un producto digital similar a una cuenta de pagos que también permite albergar y custodiar instrumentos de pago (tarjetas de débito, crédito, etc.). Para el caso particular *online,* los monederos electrónicos *(e-wallets)* pueden albergar y custodiar activos digitales como monedas virtuales, criptomonedas, etc. Representan un formato muy habitual en operaciones de compraventa e intermediación en el mundo digital.

Por tanto, este producto proporciona alguna ventajas:

- Facilita los pagos (combinados) en *fiat* y cripto.
- Permite las transferencias entre personas en *fiat,* dinero electrónico y cripto (caben en este formato los nuevos sistemas de transferencias inmediatas).

- Permite agrupar tarjetas de crédito, débito y prepago.
- Funciona con tecnologías complementarias como *contactless,* códigos QR o sistemas biométricos.

Entre los más relevantes están los proporcionados por las grandes empresas tecnológicas (Google Pay, Apple Pay, Samsung Pay, WeChat Pay, GrabPay, etc.), las operadoras de telecomunicaciones y las nuevas *fintech* como Venmo, AppCash, 2gether, BNext, Bitpanda, etc.

Pagos entre personas (P2P)

Transferir dinero a un amigo para comprar un regalo o a un familiar que está en la otra punta del país o pagar entre varias personas la cuenta de una plataforma de *streaming* son algunas de las conductas habituales que la tecnología ha solucionado en beneficio de los usuarios.

El primer reto para todo el sector debe focalizarse en poder mover el dinero de cuenta a cuenta (*Account to Account* [A2A]) o a través de *wallets* sin someter a los usuarios a desmesuradas comisiones en importes que suelen ser reducidos (y que, en el caso de la Unión Europea, TIPS pretende simplificar). El formato A2A será pieza esencial en el ecosistema financiero del futuro ya que otra de las consecuencias de la transformación tecnológica radica en que eliminará todas las capas que existen alrededor de una transferencia, dejando que la tecnología haga el resto.

Muchas de las iniciativas que integran tecnología y transaccionalidad cuentan también con modalidades de transferencias entre personas (con denominaciones como *botes entre grupos* o conceptos similares). Y esta disrupción a través de tecnologías *web* y aplicaciones ha permitido que nuevos usuarios accedan al sistema financiero y se potencie la inclusión financiera en países de América, Asia o África. A este cambio se suman *superapps* como WeChat, aplicaciones de mensajería como WhatsApp, aplicaciones impulsadas por un grupo de bancos como Bizum o *fintechs* que operaban internacionalmente y que han ampliado su servicio a entornos locales. No obstante, la verdadera disrupción provino del lado internacional, en el que la operativa se enfrentaba a regulaciones heterogéneas, infraestructuras tecnológicas a diferente nivel y una dependencia bancaria desigual.

Los nuevos modelos se han propuesto abaratar significativamente los costes operativos actuales, resultado de las pesadas cargas estructurales y regulatorias que soportan los competidores tradicionales. ¿Por qué una misma transferencia internacional cuesta menos de tres euros con una *fintech* y nueve en un jugador tradicional cuando la operativa es la misma? ¿Por qué tarda más tiempo en ser recibida? El segundo reto estaba en reducir el tiempo que transcurre entre el envío y la recepción del dinero (verdadero quebradero de cabeza para cualquier receptor). La empresa complementó este servicio con un gráfico lineal que indicaba el estatus en tiempo real de la transferencia y las fases que iba superando. Y el tercer y último reto estuvo, como es lógico, en el coste de una transferencia internacional y en anticiparlo al cliente antes de realizar la transacción sin esperar a tener el precio de cotización de la divisa. Así entró Wise[8]: proporcionado un precio único final y eliminado, de paso, otro quebradero de cabeza más. De esta forma lograba fusionar ambas tarifas, transferencia y divisa, en una.

Muchas *fintechs* han empleado este tipo de tácticas como forma de entrada en el mercado para lograr una cuota de usuarios rápida (y asumiéndolo como parte del coste de adquisición de clientes):

- Cobrar un *fee* por la transacción sin tener en cuenta el coste de la divisa.
- No cobrar ni por la transferencia ni por la gestión de la divisa.
- No cobrar por la transferencia, pero sí por la divisa.

Se trata de un segmento en el que estas empresas han hecho evolucionar el mercado y han abierto sus puertas a otro tipo de jugadores más enfocados en consolidar las ventajas que proporcionan los modelos *tech-driven,* eliminando las angustias que provocaban las ineficiencias del sistema actual.

Gestión de suscripciones

La economía de las suscripciones ha experimentado un crecimiento exponencial en la última década motivado sobre todo por los servicios de entretenimiento y ocio y las compras a través de aplicaciones móviles. En 2019 un estudio[9] publicado por Minna Technologies que incluyó a más de cuatrocientos mil consumidores europeos (con edades entre los 18 y los 75 años) mostró que en promedio cada persona se gasta 334 euros en, al menos, once servicios de suscripción cada mes (si se extrapola este dato a hogares, el promedio ascendía a 21 servicios). El mismo estudio predecía que en 2025 el importe promedio ascendería a quinientos euros y el promedio por persona alcanzaría los 17 servicios. Y no es de extrañar, puesto que este modelo ha surgido ya en industrias como la automoción, la banca o incluso la moda.

Y las *fintechs* también han aparecido en la gestión de esta actividad fundamental en la cadena de valor de muchas industrias con herramientas para que un usuario controle y organice todas sus suscripciones desde un punto (*web* o aplicación) y que integran ya cualquier servicio contratado de hogar, ocio y seguros, entre otros. En España, Polaroo permite gestionar todos estos servicios desde su propia aplicación móvil. Aunque muchos no suponen un coste directo para el usuario, las aplicaciones suelen contar con líneas *premium* en las que incorporan servicios más personalizados.

Reembolso de impuestos en viajes internacionales

Otro de los nichos de mercado que ha ocupado el ecosistema *fintech* ha sido el del «libre de impuestos» o *tax-free* habitual para viajeros internacionales que quieren recuperar el impuesto al consumo gravado en sus compras, siendo operadores autorizados por el Estado e implementando soluciones *mobile* en tiempo real para los viajeros y para que las propias tiendas puedan gestionar el reembolso del impuesto según las condiciones particulares en cada país o zona económica afectada. En España, Woonivers ha decidido lanzar estos servicios bajo licencia otorgada por el Ministerio de Hacienda. Y, como es habitual, con una gestión operativa ágil y a costes muy inferiores respecto a los que viajeros y negocios soportarían en contextos tradicionales.

4. Financiación

«Compre una vez y pague en cien veces», rezaba aquel viejo eslogan de la década de 1960. Desde una compra impulsiva hasta la adquisición de un bien raíz. Como sucede en el mundo analógico, la financiación también se ha digitalizado, y el marcado carácter local del mercado de crédito no ha impedido que surjan numerosas *fintechs* en este segmento. La posibilidad de aplicar técnicas avanzadas de medición del riesgo y el considerable volumen de negocio que supone este mercado son excelentes razones para entrar a competir. Dada la amplitud de la oferta, resulta factible encontrar a este tipo de empresas que comercializan productos para préstamos personales o hipotecarios, financiación al consumo u otorgada entre particulares, etc.

En este segmento las empresas emergentes suelen competir con dos modelos de negocio:

- Directo, en el que los fondos parten de la *fintech,* van contra su propio balance y es la empresa la que asume el riesgo.
- Participativo[10] *(crowd),* en el que los fondos salen de inversores particulares y son ellos quienes asumen el riesgo.

En España, como en muchos países, casi todas las compañías relevantes en este mercado (Younited Credit, ID Finance, Payin7, Pepper, Nemuru, Klarna, Paga + Tarde, Aplázame, etc.) suelen apostar por el primer modelo. La financiación de carácter participativo, o entre personas, es más propia de países anglosajones y normalmente se emplea para financiar estudios o cuestiones similares.

También es corriente que este tipo de financiación, sobre todo la referida a productos de consumo, sea otorgada a través de terceros: comparadores especializados (como Prestalo o Gibobs Allbanks, con simulador y puntuación de crédito propios), neobancos, PFM, grandes superficies de distribución, plataformas de *e-commerce* y tiendas *online*.

En países en los que no existe información pública sobre situación personal del riesgo de crédito, las compañías suelen contar con la que proporcionan servicios de información crediticia y con consultas en otras fuentes de información financieras y no financieras para calcular el riesgo de la operación de forma más ajustada. Así, esta tecnología se está asentando como una ventaja en el mercado, puesto que los algoritmos están ayudando a configurar préstamos con puntuaciones *(scoring)* más ajustadas para cada usuario. Tal es el salto tecnológico, que algunas de estas plataformas han sido adquiridas por bancos con el fin de incorporar la tecnología a su propio negocio. Para definir este tipo de modelos, se emplean correlaciones de datos sobre la probabilidad de variables como la compra, el riesgo de impago o la sensibilidad al precio. Como consecuencia, la puntuación del modelo está correlacionada con la probabilidad de que suceda un evento o hecho determinado y sigue la lógica propia del negocio en la que los individuos son perfilados por grupos de comportamiento. Como veremos más adelante, las tecnologías predictivas y cognitivas harán evolucionar estos modelos (muy habituales en la venta cruzada de producto) hacia otros más contextuales y personalizados en torno a un usuario particular y no tanto en función de comportamientos similares al de otras personas. La parametrización de estas variables ha de incorporar estrategias de enriquecimiento de datos y sistemas dinámicos de medición de conductas según el perfil de cada cliente en cada momento y contexto, aunque, dada la complejidad de cada producto y los requerimientos legales de cada país, los productos en este segmento están evolucionando de manera desigual[11].

Aunque depende del país, el negocio digital respecto a productos como hipotecas o financiación de vehículos está aún en una fase incipiente dentro del nuevo contexto y el peso lo están asumiendo más las entidades tradicionales. En el caso español, el interés se ha fijado primero en el mercado de corredores *(brokers)* hipotecarios (como Finteca) o en la prestación de servicios para profesionales (como ProHipotecas), aunque *fintechs* como Gibobs Allbanks con su hipoteca verde o neobancos como MyInvestor sí han decidió tomar la iniciativa en este mercado.

En el caso de la financiación al consumo, la actividad se ha incorporado ya como parte de la propuesta de valor y la experiencia de compra de muchos negocios. Esta financiación se conoce por el eslogan «Compre ahora, pague después» *(Buy Now, Pay Later* [BPNL]) y está integrada dentro de un conjunto de alternativas de pago que algunas de las nuevas empresas del sector han incluido en su experiencia digital para tiendas *online* y móvil. Y no solo incluye este tipo de compras, también abarca ya la financiación de suministros como electricidad, gas, agua, Internet o la factura del teléfono.

El hándicap para todos se encuentra, como es lógico, en medir capacidad de pago y voluntad de pago. Para calcular el riesgo de impago, los algoritmos necesitan mucha información y entrenamiento para aprender, y se hace imprescindible el diseño de un sistema de alertas *(red flags)* tempranas que vayan reflejando conductas potencialmente dudosas. De hecho, ya existen *fintechs* especializadas en tecnología de recobro para grandes compañías. Esta tecnología, centrada en la recuperación de activos, permite automatizar los ciclos de cobro y recobro a través del envío de notificaciones digitales. Sería la versión tecnológica y digital del «cobrador del frac». Además, en muchos países el acceso a la información crediticia de los usuarios es limitada, bien porque no existe (en países desbancarizados y con poca inclusión financiera), bien porque está en posesión de pocas entidades. En este sentido, la agregación (y consulta) de cuentas bancarias que proporcionarían los proyectos de banca abierta en el ámbito de un país serán un aliciente para evaluar el riesgo de manera más precisa y evitar situaciones de sobreendeudamiento (en España estos datos los maneja el supervisor bancario, aunque existen limitaciones respecto a los importes de deuda comunicados). Es un segmento llamado a ser 100 % digital.

5. Ahorro e inversiones

«Dos de cada tres encuestados afirman que contratan productos de ahorro e inversión a través de canales digitales». Esta fue una de las conclusiones que extrajo el *Estudio sobre conductas de ahorro e inversión*[12] elaborado por Raisin y el *think tank* FinTech Spain. La disrupción digital también se está consolidando en un segmento cada vez más apalancado en la tecnología y dando lugar al abaratamiento de los costes operativos y de distribución.

A continuación vamos a ver cada uno de los productos y servicios de inversión que están impulsando la disrupción dentro del segmento.

Depósitos

Constituyen uno de los productos del mercado tradicional cuyo proceso de comercialización está ya prácticamente digitalizado. La transformación se ha centrado en la creación de plataformas especializadas encargadas de contactar a potenciales ahorradores con entidades financieras a través de su *marketplace* (el modelo es similar al descrito en otros segmentos *fintech,* como se ha detallado en el caso de Raisin) desde las que es factible efectuar todo el proceso: desde la comparativa de importes y rentabilidades hasta la contratación final del producto. Además, el *onboarding* de cliente suele incluir la creación y el mantenimiento de una cuenta propia para realizar la apertura, transacción y liquidación del depósito. En la Unión Europea un ciudadano puede realizar un depósito en cualquier entidad de la zona amparado por la regulación comunitaria[13].

Gestores automatizados de inversiones

Estos nuevos asesores financieros se han convertido en uno de los segmentos más relevantes en el incipiente ecosistema y están provocando la transformación de la industria de gestión de activos. Son los gestores automatizados de inversiones *(roboadvisors)*[14] y forman parte de una dinámica ya habitual en el mercado de las inversiones a largo plazo: la indexación automatizada. Sus productos más comunes son los fondos de inversión y los planes de pensiones, en los que un cliente puede ir invirtiendo de forma regular e indexada contra un índice del mercado (*benchmarking*) y en el que la empresa que aplica nuevas tecnologías a las finanzas suele realizar una gestión discrecional de carteras adaptándolas y personalizándolas según el perfil de riesgo de cada cliente. Además, sus ventajas competitivas se concentran en la mejora de la rentabilidad, el ahorro de comisiones, la automatización de tareas y el ajuste producto-perfil del inversor.

Hay que matizar que los gestores automatizados no custodian estos títulos, ya que normalmente están depositados en un tercero[15] (denominado *banco custodio*). Los importes de entrada son considerablemente inferiores a los de la gestión activa (en algunas plataformas llega a ser de cien euros). Un usuario puede soportar tres tipos de costes: las comisiones propias de los activos (fondos indexados), los costes de gestión (que pueden eliminarse) y los costes de custodia de la cuenta (por el dinero), y ser competitivo en esta combinación influye también en la rentabilidad final obtenida por el cliente.

En la Unión Europea la normativa MiFID clasifica a los clientes de los servicios de inversión en varios grupos y fija los criterios de información respecto a la protección y la asunción de riesgos. También marca las normas de regulación del asesoramiento financiero entre servicios y actividades de inversión autorizadas (realización de recomendaciones personalizadas). En España son varias las empresas en este sector que compiten en este segmento de los servicios financieros: Indexa Capital[16], Finizens, Feelcapital, Micappital, Finanbest o InbestMe, entre otros. En el *Estudio sobre conductas de ahorro e inversión* mencionado al inicio del epígrafe, casi el 50 % de los encuestados tenían fondos de inversión, aunque automatizados tan solo el 7 %. Se trata de un formato que en países como EE. UU. ha tomado mucha tracción y en el que compañías como Betterment y Wealthfront poseen, respectivamente, el 0.47 y el 0.39 % de todos los activos bajo gestión del país[17].

Modelos de hucha y redondeo

Un novedoso modelo que permite al usuario fijar y automatizar reglas de ahorro personalizadas y asociarlas a objetivos financieros concretos. Constituido bajo este concepto, estos modelos hacen que se redondee la cantidad abonada en una compra para que poco a poco se vaya acumulando dinero en una hucha digital. El usuario puede ir invirtiendo dicha cantidad periódicamente o asociarla a algún objetivo personal a medio o largo plazo. También funciona con aportaciones voluntarias periódicas. En España Arbor, Coinscrap o Goin se encuentran en este formato.

Marketplaces de fondos de inversión

Se sitúan en la tendencia democratizadora de la banca privada y permiten el acceso a pequeños ahorradores con las mismas ventajas que el caso anterior. Su funcionamiento es similar al de cualquier neobanco especializado en fondos de inversión.

Inversiones *crowd*

La democratización de las inversiones ha logrado que cualquier ciudadano pueda actuar como inversor, y por muy poco dinero, en plataformas participativas. Las cuotas mínimas para participar en una inversión así pueden ser de tan solo cincuenta euros, aunque oscilan en función de cada plataforma y proyecto.

Entre los proyectos de inversión más habituales se encuentran los relacionados con:

- El sector inmobiliario (locales comerciales, suelos industriales o propósito residencial).
- La financiación de deuda a corto y largo plazo en empresas (conocidos como *crowdlending* y *crowdfactoring*).
- La compra de deuda corporativa en el mercado secundario.
- La financiación de *startups* y proyectos tecnológicos (en los mercados primario y secundario).

En estas cuatro actividades la innovación tecnológica ha digitalizado tanto productos como procesos. En el próximo capítulo trataremos con más detalle todas las plataformas dirigidas a empresas y negocios. Es evidente que este segmento influye sobre el principal cometido de la educación financiera de un país: mejorar el bienestar financiero futuro de cualquier ciudadano a través de herramientas digitales de fáciles acceso y uso.

6. El futuro de las finanzas personales

La segmentación tradicional ha tratado de cubrir necesidades más o menos homogéneas con productos poco diferenciados y ha dejado poco margen de actuación a potenciales innovaciones que no supusieran un volumen y una rentabilidad convenientes, aunque basados en el producto. Y es que anticipar necesidades financieras es un mantra que comienza a permeabilizar en todo el ecosistema.

Por ejemplo, de forma complementaria a la gestión de finanzas personales y para que cualquier usuario pueda fijarse objetivos o metas financieras personales (sobre proyectos de ahorro, inversión, etc.) y aprender, al mismo tiempo, de una comunidad de usuarios, en España han surgido modelos como Balio. Queda demostrado que potenciar la educación financiera de los usuarios es otro de los grandes retos comunes del nuevo escenario competitivo.

Los nuevos modelos han tratado de poner al cliente en el centro de su negocio a través de una experiencia de uso distinta, a un coste más proporcionado e intentando eliminar o simplificar las fricciones en el servicio. Así, neobancos y optimizadores financieros han apostado por otorgar el control de sus finanzas a los propios usuarios con herramientas de gestión y un *marketplace* detrás en el que ir configurando productos y servicios a medida de cada cliente. Las compañías que quieran participar en la vida de sus clientes y no proponerles productos sin más estarán en mejor disposición para competir. Los cambios de hábitos que priorizan el empleo de un producto sobre su posesión y propiedad, el consumo sostenible o las nuevas formas de interacción y de comunicación están adelantando la evolución de los modelos bancarios. Son nuevos tiempos que promueven nuevos comportamientos y que suponen, a su vez, nuevos riesgos. Y todos, expectantes ante el descubrimiento del nuevo mundo del dinero.

6. EL UNIVERSO *FINTECH BANKING* EN EL MUNDO EMPRESARIAL

«No discutamos, calculemos».

G. W. Leibniz, filósofo alemán.

La digitalización proporciona una oportunidad para que las empresas encuentren nuevas formas de competir y nuevos caminos para crear valor y para expandir sus negocios más allá de los límites convencionales. Como era de esperar, el modelo de banca universal también se ha replicado en este segmento y las entidades tradicionales han copado gran parte del mercado, dejando poco margen de actuación a otros competidores especializados. Aunque para cualquier empresa el punto de partida debe centrarse en el propio negocio, la digitalización de sus finanzas ha de transcurrir de forma integrada en su proyecto de empresa y la dinámica tecnológica está ayudando en esta transformación.

Por eso el cometido de este capítulo, además de narrar las diferentes alternativas dentro del ámbito empresarial (banca *fintech,* herramientas de gestión, financiación alternativa, pagos, etc.), es contextualizar algunas condiciones que están influyendo en la determinación de las necesidades financieras y su encaje con la nueva oferta.

1. Las necesidades financieras de la empresa del siglo XXI

La posibilidad de implementar soluciones tecnológicas avanzadas y la flexibilidad en sus modelos de costes han alumbrado una nueva generación de productos y servicios financieros más cercanos a la problemática particular de cada empresa. Por ejemplo, la aparición de la economía colaborativa *(gig economy)* y la consolidación del trabajador autónomo han promovido el surgimiento de soluciones específicas para un nicho que abarca ya un amplísimo rango de actividades empresariales.

Y de cada situación imaginable se origina una necesidad, y de cada necesidad puede surgir un proyecto *fintech* especializado: desde la domiciliación de recibos hasta la cotización de divisas en tiempo real, pasando por los anticipos de salario para los empleados. Además de los nuevos actores, las grandes plataformas tecnológicas han ido adquiriendo una posición relevante, sobre todo los *marketplaces* de productos de consumo, como Mercado Libre, Alibaba o Amazon, en productos de financiación y pagos (para vendedores y compradores).

Además de automatizar la experiencia del usuario, como se ha señalado en apartados anteriores, este tipo de empresas han logrado:

- Personalizar sus servicios empleando los datos transaccionales parametrizados por la propia plataforma.
- Agregar e integrar servicios financieros con servicios no financieros: el cliente como un «todo».
- Poner a disposición de las empresas formatos omnicanal al ampliar los puntos de contacto con el cliente.

Para comprender la problemática que surge de las necesidades financieras de una empresa, hay que interrelacionar cuatro variables: la industria, si su producto es físico o digital (ya que condiciona su curva de costes), su zona de competición y su tamaño. Obviamente, conforme la empresa va creciendo, la función financiera se va sofisticando al tener que decidir sobre escenarios más complejos, los productos y proveedores financieros adecuados en cada caso o la posición financiera global a medio plazo de la compañía. Esto además impulsa la necesidad de contar con sistemas de medición que proporcionen indicadores en tiempo real sobre la gestión de la empresa. Por eso las soluciones deben centrarse en propuestas que acompañen a las empresas en la toma de decisiones financieras de crédito y en sus transacciones internacionales o que prevean futuras situaciones de riesgo sobre el flujo de caja *(cash flow)*, por ejemplo.

Una organización está condicionada por variables como las necesidades de liquidez y financiación o el riesgo de crédito asociado. Alrededor de ellas se pueden encontrar herramientas de gestión autoguiadas e inteligentes, además de productos y servicios personalizados; todo proporcionado por *fintech,* plataformas tecnológicas, *software* específico para la gestión empresarial, bancos, auditoras y consultorías financieras, etc.

¿Qué ofrece el ecosistema *fintech banking* en este segmento?

Si en el capítulo anterior se han analizado los efectos que desintermediación y reintermediación han tenido en la configuración del segmento especializado en las personas, el de empresas tiene que seguir una estructura similar. Y es que las nuevas empresas en el segmento de pagos (enfocadas en *merchants*[1]) o en la gestión de divisas o las centradas en la financiación de empresas asumieron gran parte de la transformación en la primera parte de la disrupción del sector. En países con un grado de dependencia bancaria medio como EE. UU. o Reino Unido, la aparición y consolidación de *fintechs* fue rápida, mientras que la situación resultó algo más lenta en países con mayor grado de dependencia, como España. Lo mismo sucede en países como México, en los que el nivel de bancarización es muy bajo y la desagregación de actividades comerciales muy alta. Hay mucho recorrido para *startups fintech* (y *marketplaces* con servicios financieros avanzados).

También la normativa puede tener un papel relevante a la hora de favorecer o entorpecer el avance. La legislación específica para modelos basados en financiación participativa o para realizar pagos en comercios puede ser el aliciente que necesita un mercado para despegar. Por eso este capítulo trata de desgranar los proyectos y modelos de negocio más relevantes en el ámbito empresarial.

2. La nueva banca digital para empresas

Aunque han tardado un poco más en aparecer de forma masiva, neobancos y *challenger banks* procedentes de la banca *fintech* (y de las iniciativas digitales de actores tradicionales) han ocupado ya una posición destacada en muchos países del mundo y, aunque poseen características y *modus operandi* similares a los de este tipo de banca para personas, es conveniente resaltar algunas particularidades:

- Algunos bancos de este tipo han decidido competir en ambos segmentos (con licencia propia y cuentas bancarias para personas y empresas).
- Los modelos de negocio e ingresos se dibujan sobre los mismos formatos: *marketplace banking,* integración vertical, BaaS, etc.
- Entidades tradicionales y *challenger banks* procedentes de otros sectores han salido al mercado para adquirir, con diferente resultado, bancos *fintech* que puedan complementar su oferta digital para empresas.
- En este segmento, Reino Unido es el líder indiscutible del panorama internacional, aunque otros países comienzan a consolidar su posición.

En España la proporción de bancos de este tipo es inferior a la de otros países de su entorno[2]: Qonto, iban Wallet, Pleo, N26 o Revolut son algunos.

El proceso de *onboarding* se halla segmentado en función del tipo de empresa es ágil y está direccionado a que existan pocas fricciones para verificar la información del cliente, de tal forma que en muchos de estos nuevos bancos se tarda menos de quince minutos en realizar el proceso completo. Respecto a las formas de contacto y de gestión de la comunicación con los clientes, estos modelos suelen emplear una combinación mixta de herramientas como chats en directo, Facebook, Slack o WhatsApp y también gestores de atención telefónica. Algunos han comenzado a instalar asistentes virtuales *(chatbots)* para prestar un servicio permanente y automatizado para segmentos de autónomos y pequeñas compañías cuyas incidencias son de complejidad baja o media. Las medianas y grandes empresas deberían contar con un servicio más personalizado. Respecto a los modelos, el *marketplace banking* ha permitido que *challengers* y neobancos hayan salido al mercado con un producto mínimo: una cuenta bancaria o de pago, algunas herramientas básicas para la gestión digital financiera y la posibilidad de realizar transferencias con terceros. A partir de este producto mínimo se abre la posibilidad de escalar productos y servicios conforme la actividad y el tamaño de la empresa aumentan. Es común que estos bancos cuenten con empresas especializadas en sus *marketplaces* para prestar servicios más ágiles y bajo demanda.

Estos formatos abren la posibilidad a nuevos modelos de ingresos: pago por uso, por transacción, *freemium* o por suscripción (en los que la compañía accede gratis a productos básicos y, conforme lo necesita, contrata paquetes *[packs]* de productos más avanzados pagando una cuota periódica, cada vez que se usa el servicio, etc.). Estas nuevas funcionalidades *paquetizadas* pueden referirse a servicios de analítica de datos avanzada, herramientas propias de la gestión financiera o productos más sofisticados en financiación de activos, circulante, divisas, anticipo de salarios, etc. Aunque este formato fue creado en primera instancia para empresas pequeñas y medianas, cada vez es más frecuente comprobar cómo lo van adoptando los participantes de la economía colaborativa (repartidores *[riders]*, conductores, vendedores a pie de calle, artesanos, etc.) y los trabajadores independientes de cualquier sector de actividad. En algunos países, *startups* y plataformas han logrado bancarizar este colectivo y que la información generada de su actividad se vuelque en los servicios de información crediticia, un reto tecnológico al que añadir, por ejemplo, la optimización del cálculo de la puntuación crediticia de una empresa o de un autónomo basándose en toda la información disponible (desde el análisis de datos aplicable en la agregación de cuentas hasta el *onboarding* integrado en el producto de crédito).

3. Las herramientas *fintech* para la gestión empresarial

Son similares a los PFM, y en este caso se definen como gestión de finanzas del negocio (*Business Finance Management* [BFM]). Por tanto, bajo esta nomenclatura es posible aglutinar a organizaciones dedicadas a crear herramientas para la gestión empresarial automatizadas, apoyadas en soluciones en la nube y con precios adaptados a cada situación. En áreas de especialización estas soluciones abarcan servicios financieros, contables, fiscales e incluso de asesoría jurídica; entre ellos ya es posible encontrar programas de facturación, contabilidad, digitalización de gastos, gestión de impuestos, control de inventarios o gestión de proyectos, etc.

En España existen multitud de soluciones en este campo, como Cobee, Billage, Anfix, Finutive, Cuéntica, Declarando o Billin. Tal es el impulso de este segmento, que Banco Sabadell ha lanzado su propia iniciativa, Nomo, y CaixaBank ha llegado a un acuerdo con Quipu para que los clientes puedan acceder a este tipo de servicios desde su entorno digital. Estas compañías están enfocadas en negocios en los que la gestión financiera no está siempre profesionalizada y automatizar actividades como la conciliación bancaria o la extracción de los datos de facturas recibidas supone un ahorro considerable de tiempo. Además de pequeñas empresas y autónomos, se abre una segunda línea de negocio para estos modelos con la digitalización de gestorías y asesorías físicas con productos basados en la automatización y la conectividad.

Al igual que sucede en el segmento de personas, a raíz de PSD2, los gestores pueden incluir la agregación de cuentas bancarias para empresas[3]. En este tipo de formatos también están incorporadas las herramientas de conectividad con terceros (bancos, organismos públicos, etc.). Agregación y conectividad suponen dos alicientes para la gestión empresarial en los próximos años, puesto que contar con información económica y financiera precisa y en tiempo real, puede suponer una ventaja competitiva en el mercado frente a los competidores. Aplicando una gestión inteligente a estos datos, *software* y empresa podrían aunar en un único punto y momento la detección de la necesidad financiera, la publicación de la oferta de financiación y la contratación del producto más adecuado para que fuera posible:

- Realizar previsiones de tesorería tomando estos datos para detectar, por ejemplo, dado el caso, tensiones de liquidez a corto o medio plazo.
- Aportar valor añadido: puede organizarse un *marketplace* sobre el propio programa en el que aparezcan ofertas de proveedores financieros de tesorería (similar a una *pop-up*) que muestren directamente cantidades, precios y condiciones.
- Integrar en empresas que aplican nuevas tecnologías a las finanzas sus aplicaciones con los *software* tanto de empresas tecnológicas[4] como de los nuevos formatos digitales en gestión

financiera de empresas, conociendo el cambio que se está dando en la forma de distribuir productos y servicios.
- Contratar el cliente en pocos clics cualquier producto sin necesidad de realizar más trámites de los necesarios, puesto que los datos estarían almacenados en el programa, lo que facilitaría la firma de contratos y la recepción de los importes.

Si *challenger banks*, neobancos y BFM pueden realizar esta agregación inteligente de datos basados en la banca abierta, los retos para avanzar en la transformación tecnológica del ecosistema empresarial son tres:

- Tecnología integrada: para facilitar la contratación de productos, es necesario crear un estándar homogéneo de conectividad entre entidades y empresas de *software*.
- Ampliación de los modelos de ingresos hacia alternativas centradas en uso, por transacción, por volumen contratado e incluso en formatos *premium*.
- Datos compartidos: un *software* así puede crear un perfil avanzado de cada empresa similar a los burós de crédito, de tal forma que su información financiera, previa autorización, puede estar disponible para cualquier financiador.

Y la dinámica de cambio ha afectado también a la gestión de Recursos Humanos, donde empresas como PayFit han desarrollado herramientas específicas para la gestión de nóminas, el control horario o los trámites laborales con las Administraciones Públicas.

El ecosistema empresarial cuenta ya con un aliado estratégico en las herramientas inteligentes para anticipar y prever escenarios y facilitar la negociación y contratación de productos financieros de forma simple y directa.

4. La operativa transaccional en las empresas

La integración entre los negocios físicos y digitales y la necesidad de crear experiencias inmersivas y diferenciales han provocado un alud de innovaciones en el segmento enfocado de empresas. Las compañías que proponen estas soluciones podrían ser concebidas más como «empresas tecnológicas de pagos» que construyen soluciones que permiten el cobro en la tienda a través de haces de luz, el pago en criptomonedas o la gestión de las domiciliaciones bancarias; y todo orquestado de principio a fin y sin estar sometido a más pasos de los necesarios.

Si en el apartado anterior hablábamos de monederos digitales o transferencias entre personas, en este nos centraremos en las restantes actividades para completar el segmento, esto es, los pagos en negocios (físicos o digitales), las domiciliaciones bancarias, la gestión de divisas y los anticipos de nóminas y salarios.

Los pagos entre persona y negocios (P2B)

Una actividad tan cotidiana como pagar con el móvil en una tienda comporta un complejo proceso en el que participan tiendas, fabricantes de terminales, bancos, procesadores y pasarelas de pago, redes de tarjetas y, también, empresas de biometría o ciberseguridad.

Imagina la última vez que pagaste con tarjeta la compra en una tienda. El proceso que siguió esa transacción fue algo así:

- Quisiste pagar la compra con un método de pago determinado (tarjeta física, tarjeta en tu *wallet,* un sistema biométrico, etc.).
- La tienda *(merchant)* te facilitó el terminal de cobro con una tecnología determinada (lectura de banda magnética, *contactless,* reconocimiento biométrico, etc.).
- El banco de la tienda recibió esa información a través de este punto de entrada y se comunicó inmediatamente con la red de tarjetas (Visa, MasterCard, etc.) para solicitar los fondos a tu banco (que es el emisor de la tarjeta).
- Tu banco aceptó la petición y comunicó esta decisión al banco de la tienda y a la red de tarjetas.
- Y el resultado fue transmitido al banco de la tienda y al terminal desde el que se realizó la transacción.

Como resultado, cada una de estas transacciones se cimienta sobre un doble flujo operativo:

- Un primer flujo de carácter informativo, que dura segundos, en el que el resultado es el comprobante de pago (en papel o con una notificación *push* en el *smartphone*) y se realiza el apunte correspondiente en la cuenta del cliente (o en el saldo de su tarjeta de crédito).
- Un segundo flujo liquidativo, en el que se produce la liquidación del importe con la tienda, que puede demorarse algunos días más.

¿Quién interviene en este proceso?

Para tener una visión más precisa sobre cómo se dibuja un pago en una tienda, en la siguiente tabla figuran las distintas acciones que componen el proceso y sus actores protagonistas.

Tabla 6.1. Desagregación del proceso convencional de un pago en una tienda

Fase	Función y actividades
Método de pago (cliente)	Lo proporcionan empresas tecnológicas (Google Pay, Apple Pay, Samsung Pay, WeChat Pay, etc.), *fintechs* (Venmo, AppCash, Bitpanda, Revolut, Bnext, etc.), bancos (Bizum), etc., y puede ser físico o digital
Entrada del pago en la tienda/ punto de venta	En un espacio físico *(checkout):* • Datáfono convencional con PIN, lectura de banda y *contactless* • Datáfono específico para movilidad (como el que suelen llevar los taxistas) • Dispositivo inteligente (tableta o *smartphone*) con el *software* de procesamiento en la tienda, con PIN, *bluetooth* o *contactless* • Pantalla para el reconocimiento biométrico y el medio de pago En un medio digital u *online* (*gateway*): • Está incorporado en la *web* o aplicación directamente o como una extensión • Cada vez están más integrados los físicos con los digitales • Se incluyen PayPal, Stripe, Square, Dinube, etc.

Fase	Función y actividades
Pasarela de pagos	Facilita la comunicación de todo el proceso entre la tienda y los respectivos bancos (o quien procese el pago para ellos): • Es un formato que realiza el servicio de principio a fin de la transacción • Puede aceptar ya más de doscientos métodos (incluidas criptomonedas) • Adyen, Marqueta, Sipay y algunas de las empresas anteriores cumplen esta función
Bancos	Intervienen dos actores directos y un posible tercero: • El banco de la tienda/*merchant* es conocido como adquirente • El banco del cliente es el banco emisor de la tarjeta issuer) • Pueden procesar ellos mismos los pagos (suelen tener filiales propias) o colaborar con las nuevas empresas especializadas en procesar pagos
Redes de tarjetas	Visa, MasterCard, JCB, Discover, Amex, etc. A través de las pasarelas de pago o del banco adquirente, se comunican con el banco emisor para verificar la operación
Otros actores	Cámaras de compensación de pagos, redes internacionales de comunicaciones financieras entre bancos y otras entidades financieras, como SWIFT, empresas especializadas en tecnologías de seguridad y fraude, etc.

Fuente: Elaboración propia.

Para terminar, los costes de cada operación se suelen fijar a través de comisiones cobradas por tipo de transacción que pueden variar en función de cada industria, del importe transaccionado o del tipo de tarjeta empleada. Tantos actores intervienen, tantas partes cobran un porcentaje de la transacción (métodos de pago, *gateways,* pasarela de pagos, bancos, redes de tarjetas, etc.). Un *gateway* que procese un pago *online* puede cobrar entre un 2 y un 4 % del importe total de la transacción, por ejemplo. Aunque los porcentajes pueden oscilar según el esquema de cada empresa, la tecnología está desempeñando un papel fundamental para homogeneizar estas cantidades, si bien los volúmenes manejados por un negocio pequeño o mediano pueden ser bajos.

¿Cómo están construyendo las *fintechs* sus ventajas competitivas en este segmento?

Las *startups* especializadas en pagos se han enfocado más en ser «empresas tecnológicas de pagos» con el objetivo de hacer este proceso más ágil, barato y unificado. En España, y como sucede en muchos países, este segmento integra empresas nacionales e internacionales, entre las que se encuentran *startups* como Dinube, Sipay, Momopocket, PayThunder, Pecunpay, Verse, Pagatelia, MyChoice2Pay, PaynoPain, Fuell, Marketpay, WayApp Pay, PAYMATICO, payArea, Lemonway y otras muchas.

Veamos algunos ejemplos de la transformación universal de este segmento:

- Algunas pasarelas de pago[5], han desarrollado soluciones de omnicanalidad simples (Sipay, Adyen, Stripe, etc.). Algunas de estas empresas están detrás del procesamiento de empresas como Uber, Spotify, etc. y son las responsables de los famosos *pagos invisibles*.
- iZettle proporciona dispositivos de cobro físicos para tarjeta con tecnología *contactless* sincronizados con una aplicación móvil para su monitorización y control. Es una práctica muy usada ya por empresas de eventos o por empresas de movilidad.
- Klarna, además de estar en la parte del procesamiento adquirente, se ha integrado en la cadena del *e-commerce* como proveedora de financiación al consumo y ha creado una experiencia digital con varias alternativas: pagar en ese mismo momento, cuando se reciba la mercancía, financiar el producto, etc.
- Flywire, plataforma de origen español que aplica nuevas tecnologías a las finanzas, ha establecido una infraestructura global de pagos con más de doscientos socios enfocada en negocios de todo el mundo. Debutó en el Nasdaq estadounidense a finales de mayo de 2021.
- PayPal (*gateway* que realiza todo el proceso) ha comprado otras empresas del ecosistema para fortalecer su posición: Braintree

para conectar cuentas bancarias de *e-commerce* y comercio por teléfono móvil *(m-commerce)*, Xoom para las transferencias internacionales y Venmo para los pagos móviles y *wallets*. Ahora también está presente en el mundo cripto.

- Curve permite unificar las tarjetas de pago en una sola a través de cualquier *wallet*, además de realizar transferencias entre ellas o el pago desde relojes inteligentes, por ejemplo.
- Marqeta, plataforma emisora de tarjetas de «marca blanca», trabaja para otras *fintechs,* como Square, y para empresas, como Uber o Brex.
- Square ha creado un ecosistema transaccional tanto para individuos (tarjetas, criptomonedas, retirada de efectivo, etc.) como para negocios (desde el anticipo de nóminas hasta la gestión de facturas, pasando por pasarelas de pago digitales o tarjetas).
- viacash ofrece retirar e ingresar efectivo a través de la aplicación móvil (mediante un código de barras) del propio banco en comercios asociados a su red. Emplea comercios minoristas para hacer posible el pago en efectivo de facturas y deudas con proveedores de servicios (telecomunicaciones, electricidad, seguros, agua e incluso alquileres) y el pago de compras en comercios electrónicos con efectivo en tiendas físicas.
- Pleo es una solución de pagos con tarjeta (física o virtual) para empresas que permite gestionarlo todo de forma digital (tiques, reportes de gastos, límites, etc.) e integraciones con *software* de gestión empresarial.

Como se ha ido reseñando a lo largo de este capítulo, neobancos y PFM también han entrado a competir en este mercado como PISP[6].

Gestión de domiciliaciones

Es un modelo empresa a empresa *(business to business)* que incluye los denominados *pagos recurrentes,* lo que supone la domiciliación periódica de cuotas por la prestación de servicios proporcionados por empresas eléctricas, servicios digitales de *streaming* o espacios educativos, por ejemplo. Para cubrir esta necesidad, han surgido proyectos para facilitar la gestión del cobro de estas cuotas, los adeudos en cuenta y el débito directo *(direct debit)*[7]. GoCardless o SlimPay son dos de las que están compitiendo en el mercado español.

El proceso está automatizado y posibilita la conexión e integración con herramientas de gestión empresarial y el pago a través de la aplicación. Esta tecnología permite escalar el producto de forma sencilla, a menor coste y adaptándose a cada negocio, por lo que su modelo de ingresos está condicionado al volumen y a la frecuencia de transacciones realizadas por el cliente. Conforme se han asentado tendencias basadas en la economía de la suscripción, también en este segmento, han aparecido *fintech* con propuestas de valor dirigidas a incorporar servicios de gestión y control de suscripciones en formatos digitales de *retail banking* desde el lado de la empresa (igual que se mostró desde el lado del usuario).

Gestión de divisas

También se ha convertido en un segmento destacado dentro del nuevo universo empresarial. En España, Kantox Neo y Ebury[8] ha asumido el protagonismo en este mercado. Las *fintech* en este campo han tratado de automatizar los procesos de gestión de pagos y tesorería en divisas a través de soluciones en tiempo real y apalancadas en la tecnología, lo que les ha posibilitado competir con una estrategia de precio bajo. Dentro de su portafolio existen productos que permiten realizar operaciones al contado, pagos internacionales, órdenes de mercado (programación de operaciones con volumen, fecha, divisa, etc.), apertura de cuentas en divisa, pagos simultáneos, seguros de cambio (cobertura de riesgo por cambio de valor en la divisa), etc. Además, están trabajando ya en soluciones vinculadas a la financiación de compras internacionales y es posible operar en más de ciento veinte divisas.

Es común que cuenten con integraciones con terceros a través de herramientas de conectividad para proporcionar esta información en tiempo real. Se trata de un segmento que en el ámbito internacional posibilita las colaboraciones entre *fintechs* y empresas tradicionales que no posean el servicio o la tecnología adecuados y cuyo modelo puede apoyar la digitalización de las operaciones empresariales internacionales.

Salarios

Salarios bajo demanda, anticipos de nómina o pagos en criptomonedas son algunos de los productos disponibles ya en el mercado. Devengo y Typs se han aventurado a prestar servicios de este tipo en España. Servicios que están implementándose en compañías de todo el mundo que pueden acceder a él en cualquier momento y «sin necesidad de tocar su tesorería». Es una operativa que integra pagos y financiación anticipada, aunque no se trata de créditos, no están sujetos a un tipo de interés ni van cargados contra una tarjeta de crédito. Suelen ser anticipos que realiza una empresa externa contra la nómina mensual de cualquier trabajador a un coste mínimo. El importe solicitado se calcula en función del dinero generado hasta ese momento del mes por el trabajador y la transferencia es inmediata. Cuando se abone la nómina, el importe se descuenta directamente de la cuenta. Representa una opción que figura ya como parte de los beneficios sociales que cualquier empresa puede ofrecer a sus trabajadores dentro de sus sistemas de compensación y retribución.

CONTEXTO FUTURO
Innovación tecnológica aplicada a la infraestructura de pagos

Jonathan Hayes, fundador y consejero delegado. Dinube

La segunda PSD2 ha generado una enorme actividad, aunque hasta hoy las innovaciones han sido más incrementales que rompedoras. La mayoría de las propuestas han girado en torno a la creación de nuevas experiencias de usuario, integrándose con sistemas de pago existentes, con el lógico apoyo de los principales esquemas de tarjetas y de los bancos que las emiten. Aunque son pocas las iniciativas que han introducido un nuevo esquema de pagos, cabe mencionar el éxito de Bizum, una solución de pago entre personas desarrollada por los propios bancos con más de quince millones de usuarios en España que permite realizar pagos inmediatos desde la cuenta bancaria. En un mercado único como el europeo, la limitación de Bizum es que solo funciona con bancos en España, igual que Swish en Suecia o Jiffy en Italia. Está por ver si estos sistemas serán interoperables o se sustituirán por la iniciativa paneuropea que una treintena de bancos pretende implementar.

La innovación tecnológica en pagos está llena de contracciones. Tanto es así que, hasta un fabricante de dispositivos móviles introdujo tecnología de pago por proximidad en sus dispositivos y acto seguido bloqueó esta funcionalidad *contactless* para que fuera usada exclusivamente en su *wallet* para tarjetas bancarias. Como respuesta a este tipo de limitaciones, surgen innovaciones como Opto Payment, creada por un equipo de científicos en Barcelona. La novedad radica en que canaliza datos a través de frecuencias de luz, visibles en la pantalla de cualquier móvil. Dichas frecuencias son imposibles de interceptar debido a la presencia de la luz ambiental que rodea la señal, lo que hace que resulte la elección más segura a la hora de transmitir datos que un punto de venta puede incorporar instalando un pequeño dispositivo con lector óptico que se conecta al móvil del usuario para que pueda realizar su compra. Entramos en la era de la soberanía de los datos, y la preservación de la privacidad será su eje central. El usuario debe poder mantener y ejercer el control de sus datos personales en todo momento. La gestión de datos a través de cápsulas inteligentes *(data pods)* permitirá que el usuario autorice el acceso a determinadas aplicaciones para la personalización y el pago directamente desde su cuenta bancaria o desde una cartera programada para ejecutar funciones predeterminadas. Y es que la entropía del universo augura que el futuro será muy diferente a partir de ahora.

5. Financiación alternativa para empresas

¿Qué criterios tiene en cuenta una empresa a la hora de buscar un proveedor financiero? ¿Influye la tecnología en estas decisiones? Aspectos como el tiempo en la concesión de un préstamo, el control del riesgo o la adaptación del producto a las condiciones reales del negocio forman parte ya de las ventajas competitivas de este nuevo escenario. En este ámbito las nuevas propuestas han tenido un papel muy activo de la desagregación del sector y, al igual que sucedía en el mercado de consumo, han incorporado al sistema formal a empresas que no encajaban en los parámetros de la segmentación comercial tradicional.

¿Sobre qué variables se asientan los modelos de negocio en este segmento?

Cuatro dimensiones influirán en el dibujo de los modelos de negocio:

- La primera delimita la dimensión temporal de la financiación: a largo o a corto plazo, ya que influye en el tipo de producto y en las condiciones aplicables en cuanto a importes, riesgos, etc.
- La segunda tiene que ver con la naturaleza de la inversión: deuda o capital social[9], y si existe la posibilidad de hacer esa inversión líquida (en mercados secundarios).
- La tercera se centra en el destinatario de la inversión: una empresa, una *startup* o un inmueble (en la financiación de consumo los individuos formarían parte de esta dimensión).
- La cuarta se refiere a la tipología de financiación: participativa o directa, e incluiría quién es el prestador y quién asume o toma el riesgo de la operación.

Tanto los préstamos participativos como la financiación directa atienden a los tres segmentos: consumidores, empresas y propietarios de inmuebles. En la financiación directa *(direct lending),* la empresa opera el préstamo contra su propio balance *(balance sheet)* asumiendo el riesgo de la operación. En este modelo los fondos prestados suelen provenir de gestoras de capital riesgo y fondos de inversión. En la financiación participativa *(crowdlending, crowdfactoring* y *crowdfunding),* la plataforma reúne a un grupo de inversores (individuos particulares, inversores más profesionalizados, etc.) en un *marketplace* en el que publica todos los proyectos autorizados.

Como consecuencia de este efecto *crowd,* existen líneas específicas en las que estas compañías han logrado democratizar la obtención de liquidez de inversiones en mercados secundarios de:

- Activos de renta fija mediante plataformas de deuda corporativa, como Lendmarket en España.

- Activos de renta variable a través de plataformas en las que es posible realizar desinversiones (en empresas y *startups*), como la española Bewater.

Respecto a la financiación en capital social a través de plataformas de inversiones particulares, se pueden delimitar algunas ideas:

- El *crowdfunding* puede ir enfocado al capital social de una empresa *(equity),* a la compra de un inmueble *(real estate),* a obtener recompensas (p. ej., por el lanzamiento de un producto en preventa) o a realizar donaciones a terceros (p. ej., para financiar contenido cultural independiente o actividades de periodismo a título particular).
- Las plataformas de *equity crowdfunding* pueden tener un modelo generalista y multisectorial o estar especializadas en un sector en particular (energías verdes, biotecnología, proyectos culturales y creativos, etc.).
- En el caso de inmobiliaria *(real estate)* y propiedad *(property),* los modelos abarcan tanto compra como reforma y es posible financiar tanto a promotoras inmobiliarias como a individuos particulares.
- Existen plataformas de inversiones sindicadas en las que un inversor de referencia lidera la inversión y el resto realiza pequeñas aportaciones de capital.
- En muchas plataformas, un proceso de filtrado de proyectos selecciona, en función de sus propios criterios, los más adecuados para su comunidad de inversores.

El número de empresas para el *equity crowdfunding* es muy nutrido en España, como Fellow Funders, La Bolsa Social, Socios Inversores, StartupXplore, Crowdcube, Dozen o Capital Cell, y para el mercado inmobiliario, con StockCrowdIN, Civislend, Brickstarter, Housers, Urbanitae o Inveslar.

¿En qué productos se ha centrado la financiación empresarial alternativa?

Hay *fintechs* enfocadas tanto en el largo plazo de la empresa como en trabajar con su circulante en productos como:

- Préstamos para financiar el crecimiento sostenible de la empresa.

- Líneas de crédito.
- Crédito comercial *(factoring)*, donde una empresa cede el cobro de una factura a un tercero.
- Confirmación de pago *(confirming)*, que permite a un proveedor anticipar el pago de una factura.
- Compensación de deudas.
- *Supply Chain Finance* (SCF), centrada en optimizar la gestión del circulante a lo largo toda la cadena de suministro (a través de tecnologías dinámicas).
- Anticipo de contratos, modelo creado, por ejemplo, para las *startups* tecnológicas que venden *Software as a Service*, que les permite obtener por adelantado esos ingresos del futuro consignados en el contrato con el cliente «como si ya lo hubieran facturado». Este modelo, que ya funcionaba en la economía de oferta, por ejemplo, en empresas constructoras, da el salto a la economía digital.

La representación de estos modelos en el mercado español está consolidada. October, MyTripleA, Growly, Excelend, Colectual, Novicap, Circulantis, Inversa, Empréstamo, BORROX, BilliB o Capchase ya realizan las actividades anteriores. Y EthicHub o MiCrowd añaden un componente de inclusión financiera internacional al desarrollar proyectos con productores locales y emprendedoras en países hispanoamericanos.

Como hemos reseñado, algunas empresas de este segmento han decidido complementar su cartera de producto financiero lanzando uno específico para la medición de riesgos de crédito basándose en su propia tecnología de riesgos. Su público objetivo se centra en las entidades tradicionales cuyos sistemas se han quedado algo atrasados en la medición de riesgos. Esta tecnología predictiva y automatizada es capaz de parametrizar numerosas variables durante el proceso de *onboarding:*

- La agregación de cuentas posibilita realizar estimaciones de riesgo más ajustadas a la realidad financiera de la empresa.
- La consolidación de los estándares tecnológicos de conectividad con terceros acelera el proceso de *onboarding* al integrar en la interacción a servicios de información crediticia, organismos oficiales, etc.

En la actualidad el proceso de solicitud de préstamo incorpora las fuentes estructuradas tradicionales (p. ej., estados financieros) y las proporcionadas por servicios de información y análisis financiero (por ej., crédito comercial). Hasta ahora en el segmento empresarial las fuentes estructuradas propias sobre transaccionalidad y externas sobre contexto siguen obteniendo mejor capacidad predictiva. Hay que añadir que sus modelos de riesgo no suelen estar sometidos a la aprobación del regulador, como sucede con las entidades tradicionales, al no ser necesario por el tipo de licencia o autorización normativa que poseen. Esto les permite emplear en el análisis financiero de la compañía algunas fuentes de información menos convencionales. Conforme sus herramientas predictivas basadas en aprendizaje automático (*machine learning*) mejoren, será habitual que estos cálculos incluyan también datos socioeconómicos de la zona y de sus clientes, datos de geolocalización e incluso información de redes sociales sectoriales.

Respecto al impago *(default)*, las *fintechs* emplean sistemas de alertas monitorizadas que se van incorporando al modelo para mejorar sus motores de riesgo y la detección temprana de impagos y fraude en países en los que no se posee un «sistema de medición del riesgo por puntuación». Capacidad de pago y voluntad de pago deben ir de la mano en este aprendizaje lógico tanto para fuentes estructuradas como alternativas.

¿Qué ventajas tienen estas compañías respecto a otros actores del mercado?

Siempre están relacionadas con la eficiencia en el servicio, la relación con el cliente y la transparencia:

- El tiempo de duración del proceso de contratación (desde la solicitud hasta la firma) puede reducirse en un 50 % respecto al de los actores tradicionales ya que gran parte del proceso se encuentra digitalizado y automatizado.
- No suelen exigir vinculación con otros productos complementarios (seguros, préstamos, etc.).
- En algunos modelos de *crowdfactoring* (anticipo de facturas y pagarés) las empresas no necesitan avales ni garantías.
- Transparencia: cantidades, riesgos y plazos están visibles y a disposición de los inversores y de las empresas a lo largo de todo el

proceso. La concesión depende del interés del grupo de inversores (efecto *crowd*) y no de un interés particular.

- Los ingresos de la plataforma se obtienen habitualmente de la comisión de gestión del proyecto, si bien pueden existir otras dependiendo de la complejidad del proyecto.
- En el caso español, estos préstamos no computan en la Central de Información de Riesgos del Banco de España (CIRBE) y, por tanto, no afectan a otras solicitudes.

¿Este segmento está regulado?

Desde la aparición de los modelos *fintech,* la regulación siempre ha sido uno de los mayores focos de polémica con las entidades tradicionales. Por ejemplo, un producto como el *factoring* está recogido en el Código Civil y en el de Comercio, en el Anexo de la Ley 10/2014, de 26 de junio, de Ordenación, supervisión y solvencia de entidades de crédito[10], normativa que afectaría a todas las entidades por igual, sea cual sea su origen.

La mayor controversia se ha postulado sobre el papel que deben tener las plataformas de financiación participativa en el mercado. España fue uno de los países que tomó la iniciativa al promulgar la Ley 5/2015, de 27 de abril, de Fomento de la Financiación Empresarial, que regulaba su actividad y delimitaba qué tipo de inversores existen y las salvaguardias necesarias para su correcto funcionamiento. La normativa española definía una plataforma de financiación participativa como:

«Una empresa cuya actividad consiste en poner en contacto, de manera profesional y a través de páginas *web* u otros medios electrónicos, a una pluralidad de personas físicas o jurídicas que ofrecen financiación a cambio de un rendimiento dinerario, denominados *inversores,* con personas físicas o jurídicas que solicitan financiación en nombre propio para destinarlo a un proyecto de financiación participativa, denominados *promotores*».

Las PFP tienen que estar registradas en el organismo regulador y pueden realizar actividades referidas a la emisión o suscripción de acciones y obligaciones ordinarias, la emisión o suscripción de participaciones de sociedades de responsabilidad limitada y la solicitud de préstamos.

También la ley define el tipo de inversor según su acreditación:

- Inversores acreditados: personas (físicas y jurídicas) con la calificación de clientes profesionales, empresarios que superan ciertos parámetros de negocio y personas físicas con ingresos anuales superiores a cincuenta mil euros y un patrimonio de más de cien mil euros que soliciten la condición de inversor acreditado ante los organismos financieros competentes.
- Inversores no acreditados: la normativa española incorpora limitaciones respecto a la cantidad máxima que se puede invertir en un mismo proyecto y una misma plataforma en un período de tiempo dentro de la misma plataforma y a la cantidad máxima que se puede invertir en todas las plataformas existentes.

Europa acaba de regular esta actividad a través del Reglamento 2020/1503, de 7 de octubre, relativo a los proveedores europeos de servicios de financiación participativa para empresas (aplicable a partir de noviembre de 2021). En este caso se delimitan los servicios de financiación participativa como:

«La conexión de los intereses de los inversores y de los promotores de proyectos en materia de financiación empresarial mediante el uso de plataformas de financiación participativa, que consista en cualquiera de las actividades siguientes: i) la facilitación de la concesión de préstamos; ii) la colocación sin base en un compromiso firme, como dispone el punto 7 de la sección A del anexo I de la Directiva 2014/65/UE, de Valores Negociables y de Instrumentos admitidos para la financiación participativa emitidos por los promotores de proyectos o por una entidad instrumental, y la recepción y transmisión de órdenes de clientes, como dispone el punto 1 de dicha sección, en relación con esos valores negociables e instrumentos admitidos para la financiación participativa» (art. 2.1.a).

Las particularidades más importantes que marca este nuevo Reglamento son:

- Hay tres figuras fundamentales: proveedor de servicios de financiación participativa, promotor del proyecto e inversor.
- Las ofertas de financiación participativa han de ser menores a cinco millones de euros en un período de doce meses. El proveedor debe publicar un indicador de riesgo o calificación crediticia y la tasa por impago del préstamo.

- Es necesario poseer salvaguardias para afrontar el proyecto (fondos propios, seguro de responsabilidad civil o una combinación).
- El proveedor no tendrá participación en proyectos alojados en sus plataformas de financiación.
- Los proveedores de servicios de financiación pueden obtener un pasaporte europeo. La autoridad supervisora del mercado de valores y financieros en la Unión Europea (Autoridad Europea de Valores y Mercados, European Securities and Markets Authority [ESMA]) mantendrá el registro público de los proveedores de servicios de financiación participativa (y del pasaporte europeo).

Para la norma europea un inversor experimentado, sea persona física o jurídica, debe poseer: recursos propios de al menos cien mil euros (la normativa española obliga a trescientos mil para los acreditados), un volumen de negocio neto de al menos dos millones de euros o un balance al menos de un millón de euros. Además, una persona física ha de contar con ingresos brutos por encima de sesenta mil euros o con una cartera de instrumentos financieros superior a cien mil euros (en el caso de España, la primera magnitud asciende a cincuenta mil en ingresos al año). Para un inversor no experimentado no se exige una prueba inicial de conocimientos financieros y de inversión, aunque debe reconocer expresamente los riesgos asumidos (la normativa marca actuaciones de advertencia por parte de las plataformas respecto a riesgos, cantidades invertidas sobre patrimonio neto, etc.).

¿Cómo está evolucionando el mercado en el ámbito internacional?

En lo que se refiere a financiación alternativa, China es el país que lidera cualquier *ranking*. Este crecimiento se debe sobre todo a la fuerza de mercado que tienen las *fintechs* que están bajo el amparo de las grandes plataformas de *e-commerce* que suelen prestar el servicio al grupo de empresas. Según el Cambridge Center for Alternative Finance[11], en 2018 China representó en torno al 70 % del volumen intermediado en el ámbito internacional y EE. UU., el 20 %. Ambos países contaban entonces con más de cien plataformas de finanzas alternativas entre ambos segmentos. La tipología de modelos que propone este centro resulta similar a la descrita a lo largo del texto: préstamos directos o a través de *marketplace* para los tres mercados, financiación de facturas, bonos y deuda corporativa, *crowdfunding* en los cuatro niveles, etc.

Extrapolando algunos datos del informe respecto a los modelos de deuda, es posible advertir que:

- El modelo que más factura en el mundo es el *marketplace* (P2P) *consumer lending,* con casi doscientos mil millones de dólares (treinta y dos mil si se eliminan los datos de China).
- A continuación se encuentra el *marketplace business lending,* con unos cincuenta mil millones de dólares (ocho mil si se descuentan los datos procedentes de China).

El primer modelo representó el 66 % del total de la cantidad prestada en todo el mundo, mientras que el segundo correspondió al 17 %. Por el contrario, todos los modelos directos apenas representaron el 14 % del total prestado. Curiosamente, los modelos basados en *equity* o en *real estate crowdfunding* apenas tienen repercusión en un país como China.

Si se atiende al mercado europeo, el crecimiento en el último lustro es innegable (un 52 % de 2017 a 2018), aunque un solo país, Reino Unido, representa casi el 60 % de todo el mercado. Según esta institución, en el período 2016-2018 tras Reino Unido se situaron el Benelux, Alemania y Francia. España se encontró en un modesto octavo lugar tras los países nórdicos, los bálticos e Italia.

En cuanto a la tipología de financiación alternativa, los modelos basados en deuda también dominan claramente este mercado, sobre todo en la Europa continental:

- En Reino Unido el modelo que más intermedia es el *marketplace business lending,* seguido de cerca por el mismo, pero en *consumer*. En el país británico los modelos de *crowdfunding* aún están lejos de los basados en deuda.
- Alemania y Francia suelen ocupar las siguientes posiciones en ambos mercados. Si excluimos los datos británicos, el *marketplace consumer lending* se sitúa en la primera posición en la Europa continental.
- Reino Unido solo deja el cetro europeo en mercados relacionados con el sector inmobiliario: con Benelux en *balance sheet property lending* y con Alemania en *real estate crowdfunding.*

En España todo este mercado se sitúa en torno a los doscientos millones de euros[12]. Son las plataformas estonias las que mayor atención están concitando en los últimos años, debido sobre todo al volumen intermediado y a la rentabilidad proporcionada a sus inversores.

6. Infraestructura tecnológica

Para concluir el epígrafe correspondiente al ecosistema de empresas y como vínculo con el siguiente bloque de contenidos dedicado a la tecnología, este último apartado versa sobre las empresas del ecosistema que ponen a disposición del mercado su infraestructura tecnológica. Como se puede comprobar, muchas de estas compañías están compitiendo inmersas en el formato de plataforma (de infraestructura bancaria, para desarrollar *open banking* y para la agregación de servicios) o como compañías especializadas de tecnología específica para el ámbito bancario y financiero (p. ej., desde el *onboarding* de clientes en general o en un segmento específico hasta el cumplimiento normativo). Estas empresas pueden orquestar su negocio en torno a modelos basados en el *Software as a Service,* en tecnologías escalables o como proyectos tecnológicos más tradicionales.

Entre las soluciones de digitalización es posible encontrar:

- *Onboarding* de clientes, KYC, blanqueo de capitales, etc.
- Autenticación biométrica.
- Verificación de cuentas bancarias.
- Asistentes virtuales basados en IA (*chatbots, voicebots,* etc.) con funciones comerciales, de soporte a clientes, operativas, etc.
- Servicios de agregación de datos bancarios y financieros de clientes.
- Traspaso automatizado de fondos de inversión.
- Enriquecimiento de datos y análisis de conductas financieras.
- Información en la originación del crédito, riesgo de créditos y crédito de suscripción *(underwritting credit).*
- Integraciones de los portafolios de inversión y métricas de riesgo.
- Firmas documentales (digitales).

Entre las compañías que habitan este nutrido segmento es posible destacar, entre otros muchos casos: Strands, Plaid, Bud, Mambu, Tink, Unnax, Hubuc, Belvo, TheLogicValue, Mantl, FacePhi, Flanks, Afterbanks, Meniga, Signaturit, VisionCredit, Fintech Soluciones, OneSpan, Electronic ID (eID) y Asentify.

7. El futuro de las finanzas en el ecosistema empresarial

La pandemia global de 2020 ha acelerado los planes de digitalización en muchos países. Realizar pagos o solicitar financiación sin contar con la presencia física del cliente o gestionar de forma digital las finanzas de la empresa son algunos de los comportamientos resultantes de este suceso planetario. Y en este segmento hay actores mucho más avanzados que otros. Si las *fintechs* chinas o estadounidenses son capaces de procesar millones de operaciones en un día y conceder miles de créditos en pocos minutos, el camino para el resto del orbe es cada vez más nítido.

«Que se acabe el café para todos» sería el lema universal.

Si la tecnología está borrando los límites temporales y las fronteras espaciales, es preceptivo que las barreras a la competición vayan difuminándose de igual forma y que una nueva ola de productos y servicios aparezca inexorablemente en los próximos años:

- Productos financieros embebidos y conectados con otros ecosistemas.
- Sistemas predictivos inteligentes que permitan correlacionar multitud de variables.
- Criptomonedas empresariales.
- Herramientas automatizadas de gestión.
- Reconocimiento del lenguaje natural que permita la lectura de documentos de empresa.
- Normativa automatizada y embebida en cada producto y servicio.
- Una identidad digital empresarial.

Su éxito presupone la adopción de algunos comportamientos esenciales: crear confianza, conocer en profundidad al cliente, diseñar una propuesta de valor flexible, hiperpersonalizada, con una experiencia inmersiva, centrada en los datos, relacionada con muchas terceras partes y gestionada desde un único lugar. Así será el *fintech banking* en el futuro: un ecosistema creado alrededor de cada empresa, pequeña, mediana o grande, que cree y lance productos en función de su información operativa, comercial y de negocio.

7. UN NUEVO MUNDO PARA EL DINERO

«Los *cypherpunks* escriben código. Sabemos que alguien tiene que crear el *software* para defender la privacidad».

Eric Hughes, autor del Manifiesto *Cypherpunk* (1993).

Unos meses después de que Steve Jobs exhibiera el primer iPhone y nos anticipara el mundo que estaba por venir, Satoshi Nakamoto presentó el trabajo seminal que daría un nuevo impulso a este cambio de paradigma. Sucedió el 31 de octubre de 2008 y, pocas semanas después, el 3 de enero de 2009, el ignoto creador minó el primer bloque, conocido como *génesis*. Trece años después, en junio de 2021, El Salvador se erigió como el primer país del mundo en aceptar *bitcoin* como moneda de intercambio en cualquier transacción[1].

La idea parecía simple: crear un sistema de dinero en efectivo electrónico de persona a persona construido sobre una tecnología subyacente descentralizadora que elimina a los intermediarios. Así, en poco más de diez años, la era de la moneda y el billete físicos va dejando espacio en la historia a la era de los criptoactivos.

1. Apuntes previos sobre los critpoactivos

Un criptoactivo es un producto financiero digital securizado mediante técnicas de criptografía[2] que modifica la forma en la que se transfiere el dinero, se recauda capital y se definen las relaciones y obligaciones entre personas físicas y jurídicas[3]. Existen miles de criptoactivos en todo el mundo que han supuesto un escaparate para el nuevo universo financiero y han provocado que bancos centrales y empresas hayan iniciado su incursión en este novel mercado: ¿será igual el euro digital que *libra*, la moneda pensada por Facebook?

Esto abre un debate sobre si las nuevas formas de creación de dinero deben seguir siendo públicas[4] y estar respaldadas por un organismo central o se admiten también las originadas por el sector privado (por compañías para operar en sus ecosistemas o fuera de ellos y por individuos). Por eso cualquier activo de esta naturaleza necesita dos elementos fundamentales: la moneda en sí y una infraestructura que la soporte. En primer lugar, las Central Bank Digital Currencies (CBDC) son formas electrónicas de dinero emitido por un banco central que puede emplear cualquier agente económico para realizar pagos y que también sirve como reserva de valor. Esta nueva forma de dinero actúa como una moneda soberana digital *(sovereign digital currency).*

Según el Banco de Inglaterra[5], la diferencia entre una CBDC y una criptomoneda privada como *bitcoin* es que la segunda no reúne las tres condiciones esenciales del dinero:

- No es unidad de valor (por lo que no puede ser ahorrada, intercambiada o transferida en el futuro sin deteriorar su valor).
- No es unidad o medida de cuenta (como medida estándar para reflejar el precio de un bien y que todos queden reflejados en función de él).
- No está aceptada masivamente como medida de intercambio (para adquirir cualquier producto o servicio).

Según este organismo, que una criptomoneda no sea unidad de valor le confiere un alto grado de volatilidad. Para contrarrestar estas oscilaciones a las que se ven sometidos los nuevos activos financieros, se han creado las monedas estables (*stablecoins*), activos que se han catalogado como «unidades digitales de valor» diseñadas para minimizar las fluctuaciones en su precio contra una moneda o «cesta de monedas»[6] para que gocen de cierta estabilidad y no estén sometidas a esta continua volatilidad. Las *stablecoins* están respaldadas por otros activos financieros (colaterales), como materias primas (petróleo, oro, etc.) o divisas *fiat* (como el euro); incluso puede ejercer este respaldo otra criptomoneda (*bitcoin, ether,* etc.). La naturaleza del activo que respalde la moneda influirá, como es lógico, en sus fluctuaciones y en la facilidad o dificultad de hacerla líquida. Incluso una empresa tecnológica, Facebook, se aventuró a dar un primer gran paso en el ámbito global con la creación de libra, al que acompañaba un nuevo esquema de pagos (con nuevas soluciones, incluyendo una nueva operativa para realizar pagos internacionales). Ahora, tras una serie de ajustes y cambios, el sistema ha pasado a llamarse Diem y su red cuenta ya con los primeros servicios creados por empresas. Con este ejemplo es factible delimitar el siguiente nivel del nuevo edificio: hacer este tipo de activos interoperables entre sí.

Estos nuevos sistemas transaccionales de dinero privado están llamados a ser más eficientes, rápidos y baratos que los actuales, sobre todo en operaciones transfronterizas, y a ellos se incorporarán en poco tiempo otras empresas con ecosistemas asentados. Existe una excepción: una *stablecoin* podría no estar respaldada por un activo de los mencionados. En este caso, programas basados en algoritmos realizarían la lógica del intercambio en el mercado a partir de órdenes fijadas de antemano.

En síntesis, una CBDC tiene un carácter más centralizado, mientras que una criptomoneda (o criptodivisa) cuenta con un perfil más descentralizado. Al poseer esta finalidad centralizadora, su diseño debe incorporar aspectos como: utilidad funcional, acceso a ella, existencia (o no) de alguna clase de remuneración o límites de uso o convertibilidad con otras monedas similares. Esta distinción resulta esencial para definir los condicionantes de la infraestructura que soporte el sistema digital[7].

La descentralización de la infraestructura requiere que las bases de datos donde quedan registrados los movimientos estén copiadas en muchas partes, una constante actualización y sincronización de las operaciones, que sea accesible para cualquier actor de la red y un sistema de toma de decisiones por consenso (a través de un algoritmo). Esto es tecnología *blockchain*. Una infraestructura centralizada precisa un *core* ubicado en un punto, un sistema de conexión a muchos proveedores (de pagos, en este caso) que crearán los productos y servicios y en los que irán incluidos servicios para los comercios, la identificación de usuarios y la normativa específica (KYC, blanqueo de capitales, etc.). En el primer caso, la red se centra en la ubicuidad, los datos compartidos y una «llave de acceso» criptográfica para verificar identidades. El segundo representa un modelo más propio de plataformas, basado en la seguridad, con el respaldo de un organismo central y la posibilidad real de hacer interoperables entre sí a las monedas digitales soberanas.

2. La representación del dinero en la era de lo intangible

Un *token* es un objeto que representa el valor del dinero, aunque carece de curso legal. Resulta similar a las fichas que se utilizan en los casinos o a las que se emplean en los autos de choque de cualquier feria. Incluso algunos grandes almacenes emitían «su propio dinero» cuando llegaba el inicio del curso escolar para intercambiarlo por material en sus tiendas. Valor y uso están sometidos al negocio que las emite, por lo que poseen un carácter de dinero privado y carecen de aceptación o validez fuera de la entidad o de la persona que las emite. La diferencia básica entre una criptomoneda y un *token* radica en que la primera es una medida de intercambio de valor y el segundo solo representa algo (no solo una moneda; puede representar los metros cuadrados de una casa o 1 h de trabajo).

Según se ha ido desgranando a lo largo del capítulo, cada criptomoneda está construida sobre su propia tecnología *blockchain* (*bitcoin* tiene su red, *ethereum* la suya, y así sucesivamente). Si se integran ambos conceptos, *tokens* y *blockchain,* se abre la puerta a la creación de *tokens* digitales basados en técnicas criptográficas de cifrado, «privados» e intercambiables. ¿El objetivo? Representar cualquier cosa con ellos: dinero, los metros cuadrados de una vivienda o incluso nuestros propios datos de navegación por Internet[8], y convertirlos en activos digitales financieros.

Según el regulador británico existirían tres tipos[9]:

- ***Exchange tokens.*** Sirven como medida de intercambio y son un instrumento descentralizado para adquirir productos o servicios:
  - No son emitidos ni están respaldados por ninguna autoridad central y la transferencia, su custodia o el intercambio no están regulados.
  - Constituyen la base central del P2P.
- ***Security tokens.*** Hacen referencia a inversiones específicas en activos como acciones, garantías *(warrants)* u obligaciones de deuda:

- El *token* sí implica propiedad (con sus derechos económicos o políticos).
- Pueden servir para recaudar capital para actividades con redes descentralizadas como Ethereum.

- ***Utility tokens.*** Proporcionan un acceso garantizado a un producto o servicio, actual o futuro, pero no otorgan derechos.
  - Funcionan como si fueran reservas de prepago y pueden ser muy útiles en el *crowdfunding* de recompensas y en la preventa de productos aún no testados en el mercado.
  - Pueden ser comercializados e intercambiados en mercados secundarios, aunque no como inversiones.

Por tanto, para hacer funcionar este sistema digital solo se necesitan una red de *blockchain* (y su criptomoneda) y un contrato en el que se especifiquen las «reglas de juego» para ese *token* en particular.

Y, como podemos apreciar en la siguiente imagen, la capitalización de mercado de todos los criptoactivos (divisas, *tokens,* etc.) está plenamente consolidada.

Gráfico 7.1. Mercado de cotización de precios de los criptoactivos digitales

Principales 100 Criptomonedas por capitalización de mercado

La capitalización del mercado global de criptomonedas es **€1.40T**, un aumento de 5.54% durante el último día. Leer más

Weekly Watchlist Airdrop
Submit Your Watchlist and Win USDT

Airdrops Calendar
Get Free Airdrops from Multiple Projects

CoinMarketCap Predicts
Predict the Bitcoin Price for June 30th

Lista de seguimiento | Portafolio | Criptomonedas | Categorías | DeFi | NFT | Polkadot ECO | BSC Eco | Solana Eco | Yield farming

#	Nombre	Precio	24h %	7d %	Cap. de Mercado	Volumen (24h)	Acciones en circulación
1	Bitcoin BTC	€31,095.83	3.59%	4.22%	€582,088,043,535	€26,649,185,578 857,258 BTC	18,724,768 BTC
2	Ethereum ETH	€2,274.23	7.61%	0.23%	€263,788,057,857	€21,450,002,501 9,445,800 ETH	116,126,924 ETH
3	Binance Coin BNB	€337.04	17.37%	11.12%	€51,687,108,317	€3,405,488,824 10,109,175 BNB	153,432,897 BNB
4	Tether USDT	€0.8196	0.68%	1.68%	€50,618,030,638	€66,323,932,410 80,917,807,616 USDT	61,755,989,372 USDT
5	Cardano ADA	€1.46	4.11%	3.12%	€46,527,998,158	€3,051,250,852 2,095,132,184 ADA	31,948,309,441 ADA

Fuente. www.coinmarketcap.com . Captura de pantalla realizada el 2 de junio de 2021.

De este nuevo mercado han resultado actividades como las siguientes[10]:

1. Creación y distribución del propio *token* o de los instrumentos financieros que respaldan su valor: aquí se ubican las conocidas ICO, que sirven para que proyectos empresariales puedan recaudar capital a cambio de los *tokens* (Ethereum logró recaudar millones de dólares antes de su lanzamiento a través de su moneda *ether*).
2. Almacenamiento a través de un *software* de custodia.
3. Intercambio: compra y venta de *tokens* (*trading*, corretaje *[brokerage]*, servicios en cajeros automáticos [ATM], servicios para intercambio entre personas, etc.).
4. Pagos que facilitan el uso de los *tokens* (*gateways,* pasarelas y procesadoras de pagos, pagos internacionales, remesas de dinero, pagos de facturas habituales, etc.).
5. *Staking:* un servicio surgido como alternativa de eficiencia energética frente al costoso minado de criptomonedas. Es un proceso que implica comprar y reservar una cierta cantidad de monedas para convertirse en un nodo de validación de transacciones en la red. Con solo poseer estas monedas (o tokens), el participante se convierte en una pieza importante en la infraestructura de seguridad de la red y recibe una retribución vía interés anual[11].
6. Inversiones: gestión de activos, fondos cotizados (ETF), inversión colectiva, etc.
7. Servicios de asesoramiento legal a empresas y particulares que quieren crear, operar o invertir en estos nuevos activos digitales.

CONTEXTO FUTURO
Tendencias que consolidan el mercado de las criptodivisas

Victoria Gago, cofundadora y coCEO. European Blockchain Convention

El empleo del *bitcoin* como medio de pago, la salida de los primeros *exchanges* cripto a Bolsa y la duda sobre si existirán iniciativas público-privadas en monedas digitales son tres tendencias destacadas en este nuevo mundo.

- Consolidación del *bitcoin* como medio de pago. Representa más del 50 % de la capitalización del mercado de criptodivisas. Empresas como Tesla o BlackRock han realizado inversiones millonarias en esta criptomoneda y jugadores como PayPal o Xbox ya la aceptan como medio de pago. Además, comprobaremos cómo muchos negocios, emulando a estos primeros compradores y usuarios lo aceptarán entre sus opciones de pago y cada vez más personas estarán familiarizadas con el uso y la adquisición de la criptomoneda. Ambas razones acelerarán la curva de aprendizaje en el mercado para que el *bitcoin* se convierta en un medio de pago habitual.
- Aparición en las ligas mayores de los intercambios *(exchanges)*. Desde su nacimiento los *cryptoexchanges* han pasado de ofrecer solamente compra y venta de criptomonedas a ofrecer productos como tarjetas de débito y préstamos o tecnología cripto *as a service* para compañías financieras tradicionales, de *market data,* etc. Siguiendo con esta tendencia, los *cryptoexchanges* seguirán desarrollando productos para más nichos de mercado. Y con su salida a Bolsa se consolidará su crecimiento en nuevos servicios de *neobanking,* inversión o pagos, a la vez que irá mejorando la experiencia de cliente para el usuario medio. Coinbase, Binance y otros similares estarán entre los gigantes de las bolsas mundiales.
- Iniciativas públicas y privadas en la creación de monedas digitales. En los últimos años hemos visto cómo empresas como Facebook eran capaces de lanzar su propia moneda digital. En la actualidad asistimos a un movimiento similar en las monedas soberanas emitidas por los bancos centrales. Buscando no desintermediar a los bancos comerciales y hacer que el sistema se tambalee, este tipo de iniciativas tomará tracción a nivel mundial. Lo que todavía no queda claro es cómo se podrá mantener la privacidad en las transacciones (al menos hasta un umbral) y cómo se desarrollará la posibilidad de hacer transacciones sin conexión, como hoy sucede con las transacciones en efectivo. ¿Será posible que el dinero privado compita realmente con las monedas soberanas digitales?

3. Negocios emergentes en el nuevo mercado cripto

Los servicios que ha creado el ecosistema *fintech* están enfocados en todas las actividades anteriormente mencionadas, prestando especial interés a servicios centrados en custodia, compraventa y pagos que integran ambos modelos (*fiat* y cripto). Los modelos de ingresos se suelen adaptar a las particularidades de cada perfil (individuos, empresas, *startups,* instituciones financieras, etc.).

Custodia y almacenamiento

- Es un negocio que ya proporcionan *startups fintech* y empresas de seguridad (con línea de negocio en ciberseguridad) que han creado servicios de custodia digitales *(wallets)* y físicos (similares a los *pendrive* con seguridad criptográfica).
- La *startup* española Onyze ha creado, además, una plataforma para proporcionar *CryptoAssets as a Service* (CaaS).
- Anchorage (empresa participada por Visa) se ha convertido en el primer banco de criptomonedas de EE. UU. con el que las grandes entidades bancarias podrían ofrecer servicios cripto a sus clientes.

Servicios de *trading* y *exchange* que facilitan las transacciones entre los participantes

- Vía plataformas especializadas: existen en todo el mundo multitud de plataformas destinadas a la compra y venta de criptomonedas, *tokens,* etc.
- A través de ATM: varias empresas especializadas cuentan con cajeros automáticos en España que facilitan la compra de criptomonedas en ubicaciones físicas.
- *Fintech* como Serum y su servicio de *exchange* para derivados comienzan a trabajar sobre finanzas descentralizadas.
- El banco suizo Sygnum ha ampliado su cartera de productos de activos digitales ofreciendo servicios de *stacking* en Ethereum 2.0. y convirtiendo a sus usuarios en validadores de transacciones por un rendimiento del 7 % anual[12].

Actividades que integran ambos escenarios

En el segmento de pagos permiten a los clientes pagar en tiendas empleando un criptoactivo directamente o contra una cuenta de *fiat:*

- Bitpanda posibilita realizar pagos en tiempo real, tanto *online* como vía aplicación, con una tarjeta de débito que combina todos los activos (desde criptomoneda hasta metales preciosos).
- Aparecen bancos cripto-*fiat* como SEBA Bank, banco suizo que posee tanto almacenamiento fiduciario como la custodia cripto y cuyos clientes operan con una tarjeta que puede convertir activos cripto en *fiat.*
- Nuri (anteriormente Bitwala) permite invertir a sus clientes en criptomonedas directamente desde su cuenta bancaria (en *fiat*).

Pago de retribuciones y salarios

Como era de esperar, los integrantes más avanzados de la *gig economy* también se han incorporado a la transformación de tal forma que, por ejemplo, la plataforma LaborX permite contratar trabajos *freelance* y pagar dichos servicios en criptomonedas.

Y los proyectos relacionados siguen creciendo hasta tal punto que la empresa china Ant Financial Services ha creado una infraestructura específica para proporcionar *blockchain as a service* bajo su propia marca: AntChain.

Y en España también existen varias iniciativas concretas impulsadas desde el ecosistema:

- El neobanco Bnext posee un servicio de custodia de criptomonedas a través de Onyze.
- El neobanco 2gether permite comprar y vender criptomonedas a precio real de mercado y posee una tarjeta para pagar tanto en criptomonedas como en *fiat.* La *fintech* española también ha lanzado su propio token, 2GT, y Token Makers, una plataforma en la que se podrán tokenizar ideas y proyectos.
- Bit2Me, creada en 2015, es un modelo especializado en vender y transferir criptomonedas.

- Coinffeine ofrece un *wallet* en cripto y una cuenta en *fiat* para que el usuario sea su propio servicio de *exchange,* P2P y automatizados.

¿Los jugadores tradicionales se están adaptando a este nuevo mundo?

La reacción inicial ante la aparición de estos activos digitales financieros sin regulación ni respaldo oficial generó una corriente negativa en todo el sector. La desconfianza ante un producto nacido directamente de la tecnología cuya narrativa versaba en eliminar intermediarios institucionales y afianzar la confianza en el consenso de la comunidad sonó demasiado abrupto en un sector conservador y reticente a los cambios. Pero algo cambió y empresas transfronterizas vinculadas al turismo, al lujo o a la educación comenzaron a aceptar pagos en criptomonedas. Esta transformación fue auspiciada por muchas *fintechs* de pagos que decidieron aceptar *bitcoin* (y otras criptomonedas) en sus pasarelas.

Hoy la realidad es muy distinta:

- Redes de tarjetas como Visa y MasterCard veían como tanto las criptomonedas como la tecnología *blockchain* podían reducir considerablemente su negocio al quedar fuera de una potencial red avanzada de pagos entre particulares y decidieron llevar a cabo importantes inversiones.
- JP Morgan, uno de los primeros bancos que alertaron sobre los riesgos inherentes y exponenciales de este tipo de monedas, ha creado JPM Coin.
- DBS, banco ubicado en Singapur, ha creado un *exchange* de criptomonedas y está preparando un servicio de custodia institucional.

4. Iniciativas en la creación de monedas soberanas digitales

Numerosos países han manifestado su interés en crear una moneda soberana digital y muchos cuentan ya con grupos de trabajo activos y proyectos piloto (gran parte basados en crear una nueva red de pagos).

Estas son algunas de las iniciativas que se han implementado:

- En 2019 China[13] anunció que había preparado la infraestructura necesaria para lanzar su yuan digital y ya ha iniciado las pruebas piloto en comercios de ciudades como Shanghái.
- Bahamas[14] ha sido el primer país en crear su moneda digital, conocida como *sand dollar,* que tendrá operativa mundial, más allá de las fronteras del país.
- El Banco de Japón (BoJ) ha creado este año el programa piloto para su yen digital, que trabajará primero sobre instrumentos de pagos y posteriormente sobre su utilidad y sus condiciones (accesos, límites, remuneraciones, etc.).
- Singapur[15] ha lanzado un proyecto desarrollado en varias fases (desde la *tokenización* hasta los pagos y las transferencias internacionales).
- Corea del Sur[16]: el banco central ha lanzado un proyecto piloto para crear una CBDC. En este primer momento está definiendo los aspectos técnicos y el impacto legal de la nueva moneda.
- Actualmente existen proyectos piloto en otros países, como Ucrania, Rusia, Singapur, Uruguay, Camboya, Tailandia o Emiratos Árabes Unidos.

La Unión Europea está trabajando en una propuesta para implementar el euro digital[17] en los próximos años y en regular específicamente el mercado de criptoactivos. Esta iniciativa, conocida como *Markets in Crypo-Assets (MiCA)*[18], dejaría fuera de su cobertura los instrumentos financieros que estén bajo MiFID y actuaría sobre:

- *Utility tokens:* considerados una representación digital del valor (o derecho), pueden ser transferidos y almacenados electrónicamente empleando tecnología distribuida.
- Referenciados contra otros activos: son las *stablecoins* definidas previamente, que pueden abarcar materias primas u otras monedas *fiat* y criptoactivos.
- Los basados en dinero electrónico: es un tipo de criptoactivo que puede emplearse como medida de intercambio y posee un valor estable al estar vinculado al de una moneda *fiat*.

En el caso español, Iberpay (gestora de la infraestructura interbancaria nacional de pagos) y los principales bancos del país participan en Smart Money, una iniciativa para preparar al sector ante la posible emisión futura de un euro digital o de un dinero digital bancario[19].

Las CBDC están llamadas a tener un alcance mundial. Las monedas digitales soberanas, una vez superados los estándares funcionales y el diseño económico que cada país decida, serán parte de la vida cotidiana de empresas y ciudadanos.

5. Retos para consolidar el nuevo mundo del dinero

El primer reto tiene que ver con la posibilidad de integración de las redes *blockchain*. La Fundación Web3 ha creado un protocolo, Polkadot[20], que permite que todas las redes puedan operar juntas. Se basa en código abierto para que las diferentes tecnologías subyacentes puedan ser interoperables y escalables, pero mantengan sus sistemas de gobierno independientes. Esto también tendrá un efecto secundario sobre la interoperabilidad de las criptomonedas y los *tokens* creados sobre cada una.

El segundo movimiento se localiza en la creación de la economía de *tokens (tokenomics)*. Artículos como *The age of wealth accumulation is over*[21], de Rana Foroohar, atisban un cambio de modelo dentro del sistema capitalista: el paso de un ciclo de acumulación de la riqueza a una cultura más distributiva. Si una persona puede *tokenizar* su casa, su tiempo o cualquiera de sus activos dentro de una red *blockchain* y este tipo de redes están siendo adoptadas de forma masiva, se abren las puertas a un cambio en la concepción digital del dinero y de la propiedad. Tal es el impacto, que las empresas/redes de tarjetas están extendido sus servicios en *tokenización* de pagos para ofreccerlos en todo el mundo. Esta idea ha llegado a mercados como el de la generación de contenidos y el valor que estas creaciones pueden tener en función de las interacciones de los usuarios.

Es lo que avanzan modelos como PUBLIQ[22] al integrar en su ecosistema hasta seis roles distintos en una misma red para distribuir los ingresos generados por la interacción con contenidos e implicando a creadores, usuarios, publicistas, etc. Esto abre una nueva posibilidad: nuevas fuentes de ingresos basados en *tokens,* por ejemplo, de los datos personales debido al Internet de las cosas (IoT) y la conectividad de millones de dispositivos inteligentes. Según los datos proyectados por IoT Analytics[23], este mercado de datos puede alcanzar los mil seiscientos millones de dólares en 2025, y otros organismos internacionales apuntan en esta misma dirección.

Como resultado, el último hándicap tendrá que ver con el despliegue jurídico necesario que provocará la consolidación de actividades basadas en el uso de datos, su monetización, la creación de *tokens,* etc. Este despliegue transciende la normativa específica del sector financiero y puede afectar a la ordenación jurídica de un país. Un nuevo mundo se está extendiendo de forma simultánea en todo el orbe y va más allá del uso o la compra de *bitcoins* o de la implementación de una red para crear una representación del valor de un objeto cualquiera. Estamos ante un cambio de paradigma: la DeFi como parte de la descentralización de «todo».

6. El último paso: la descentralización financiera

Conocida como *DeFi,* es una de las tendencias incipientes que están marcando el ritmo del ecosistema financiero en el ámbito internacional. En esta dinámica no existen terceras partes, pues las operaciones y órdenes se ejecutan a través de *smart contracts,* y la base de actuación sigue siendo el P2P, por lo que está gobernada por los usuarios y dirigida por la comunidad. El acceso es simple ya que cualquier usuario puede utilizar un *wallet* en una plataforma y, aunque existen diferentes niveles de descentralización y seguridad, las cuentas pueden no estar asociadas directamente a la identidad del usuario, sino a un código de *wallet.* Su estructura se asemeja a la desagregación descrita para el sistema tradicional, pero en este caso para almacenar y transferir activos digitales: una capa base con la infraestructura y los protocolos de *blockchain,* una segunda línea con los productos y servicios creados y una capa final con aplicaciones y los usuarios.

Los segmentos de actividad abarcan aplicaciones (dApps en la terminología DeFi) de pagos, préstamos, gestión de *wallets,* gestión y *tokenización* de activos, infraestructura, *stablecoins, exchange,* identidad y cumplimiento *(compliance),* liquidez *(liquidity),* derivados, seguros, etc. También existen plataformas transversales *(cross-chain)* que permiten operar en el resto de las plataformas.

Respecto al *token,* las DeFi incorporan algunas particularidades[24] que tienen que ver con quién custodia las claves de acceso a la plataforma, si el usuario o a entidad de la cuenta, y el sistema existente en las aplicaciones financieras convencionales para recuperar las claves en caso de pérdida, olvido, etc.

En el primer caso la plataforma no almacena las claves privadas, sino que es el usuario quien asume esta responsabilidad; se denominan *non-custodial* y estaríamos ante un sistema sin permiso *(permisionless)* si el propietario las olvida. Estos protocolos le proporcionan acceso y control pleno sobre toda su operativa financiera personal. Al estar creadas sobre la misma tecnología y tener un carácter universal, la experiencia de usuario resulta similar y no tiene en cuenta ninguna particularidad concreta de las personas que la utilizan. Esto elimina algunas barreras de entrada y plantea la necesidad de establecer algún tipo de regulación internacional más allá de los propios mecanismos de gobierno que plantea la tecnología (comunidad, consenso, etc.).

Por otro lado, en el sistema *blockchain* todo gravita en torno a Ethereum y los *tokens* se crean sobre ella. La ventaja de compartir el mismo estándar estriba de nuevo en la interoperabilidad que proporciona la interacción con *smart contracts.* Como consecuencia, otra característica estaría asociada a la naturaleza del *token.*

Este sistema agrupa los *tokens* en fungibles y no fungibles. Los primeros tienen el mismo valor que otros (paridad uno a uno) y se denominan ERC-20[25]. La emisión «oficial» *(issuance)* de *token* digital podría incrementar la liquidez de un activo en el mercado al quedar su propiedad muy fragmentada y los propietarios podrían desbloquear su intercambio sin que existan límites previos para ellos. Respecto a los *tokens* no fungibles (NFT), están codificados como ERC-721, cuentan con características únicas y singulares, su valor puede diferir y se hallan asociados a cualquier objeto único no fungible.

El 11 de marzo de 2021, 444 millones de píxeles alcanzaron un valor aproximado de 69 millones de dólares en Christie's[26]. Ese día el artista Mike Winkelmann subastó su *collage* mosaico digital *Everydays: The First 5000 Days* por esa cantidad. Si el mundo es digital, el arte también será digital. Y con la tecnología criptográfica la obra no puede ser copiada ni plagiada. Para continuar con el tsunami, diez días después la revista *Time* anunció que subastaría tres de sus más conocidas portadas (pueden comprarse como grupo o individualmente) mediante el sistema de NFT[27]. De esta forma, cualquier bien, sea una portada emblemática o una obra de arte digital, puede ser adquirido a través del sistema de *tokens* vinculados a objetos no fungibles. Bien digital, proceso digital, moneda digital. Y no solo sería útil para subastas de postor único; la posibilidad de fragmentar el objeto en varios *tokens* permitiría que cualquier persona pudiera acceder a estas inversiones. Es otro procedimiento que se agrega al proceso global de democratización principiado en el ecosistema financiero.

¿Es posible ampliar más este mercado? Resulta factible mediante los metaversos[28], entornos virtuales inmersivos (y en 3D) que permiten crear escenarios, contextos, narrativas y personajes para que las personas interactúen entre sí (social y económicamente) en un espacio que no posee limitaciones ni barreras y que existiría como metáfora del mundo real (¿quién no está pensado ahora en Second Life?). Se trata de una herramienta ya empleada en el mundo de la educación o en entornos laborales para la selección de personal y que está comenzando a tener protagonismo en otros ecosistemas como la música, el arte o la moda y, cómo no, de forma análoga, en el financiero a través de los NFT.

Sería la siguiente y digital etapa de aquel famoso lema que rezaba «¡La imaginación al poder!».

8. LA TRANSFORMACIÓN TECNOLÓGICA DEL UNIVERSO FINANCIERO

«¿Por qué el *software* se está comiendo el mundo?».

Marc Andreessen, fundador de Netscape.

Cualquier persona ha integrado en su vida cotidiana servicios digitales como Netflix, Amazon o Cabify porque son fáciles de utilizar y proporcionan experiencias basadas en los intereses del usuario, sin fricciones, y permiten interactuar desde varios dispositivos. Este cambio ha supuesto que las estrategias de innovación han pasado de estar empujadas por la capacidad tecnológica (interna) a ser dirigidas por la demanda, las necesidades y las preferencias del consumidor.

Si el *software* lo está copando todo, si es posible encontrar orquestadores tecnológicos que abran la puerta a crear soluciones avanzadas, y cualquier empresa, además, puede tener acceso mediante servicios bajo demanda, ¿cómo podemos encontrar algo de luz en este maremágnum? Ese es el propósito de este capítulo: delimitar qué patrones están rigiendo la innovación tecnológica y cómo los datos están estructurando todo el ecosistema.

1. Las dimensiones de la tecnología en el universo financiero

Actualmente una organización debe poseer capacidades tecnológicas, culturales y relacionales para construir un diálogo continuo con el cliente en un mercado cada vez más particularizado y en el que la confianza (imagen de marca, experiencia de cliente, etc.) vuelve a ser parte fundamental a la hora de componer el mantra «el cliente primero» *(customer-first),* lo que para las empresas establecidas supone trasladar su centro gravitacional del producto al cliente. La compañía ha de moverse cuando el cliente lo haga.

Los jugadores digitales, nuevos y establecidos, han diseñado sus estrategias de innovación y desarrollo de producto a partir de fórmulas basadas en el ensayo-error y en el testeo-aprendizaje como parte de un proceso de iteración continua, modificando a su vez el ciclo tradicional de la innovación en el sector financiero. Esta rotación implica que una empresa tiene que internalizar una habilidad que combine la exploración del entorno (a través de herramientas de inteligencia competitiva y de clientes podemos observar movimientos en competidores, cambios en gustos de consumidores, etc.) con la capacidad para explotar esa información, transformarla en conocimiento para la organización y diseñar productos y servicios de valor añadido.

Con los nuevos modelos basados en el pago por uso lo que hasta ahora se consideraban gastos de capital derivados de estas inversiones fijas, como el *hardware* (*Capital Expenditures* [CAPEX]), ahora pasan a ser gastos operativos (*Operational Expenditures* [OPEX]). Desde el punto de vista de la adopción tecnológica, este cambio alivia considerablemente las necesidades de capital de una empresa para acometer una transformación que afecta a todos los ámbitos de la compañía, al margen de las barreras que pueda crear su propia cultura.

Las organizaciones tienen que priorizar sus inversiones puesto que muchas tecnologías aún deben demostrar su eficacia real, aunque supongamos que pueden generar economías de escala y alcance en cualquier negocio y sector. La gran cantidad de tecnologías exponenciales existentes en la actualidad (sin contar, por ejemplo, tecnologías como el 5G o la computación cuántica) presentan limitaciones:

- La interoperabilidad entre estándares y protocolos dentro de la misma tecnología (sobre todo en las que necesitan «hablar o conectar entre sí). Para superar esta barrera, algunos países han adoptado un protocolo común que hace fluir las transacciones y los proyectos de colaboración entre compañías nuevas y establecidas.

- La interoperabilidad y el encaje entre las diferentes tecnologías en el mercado. ¿Es posible que algunas sean compatibles entre sí?
- Tal es el impacto previsto de todas estas tecnologías que el Banco de Inglaterra y el Bank of International Settlements (BIS) han creado un espacio conjunto para coordinar la actuación de los bancos centrales en materia de innovación tecnológica[1].

Para comprender este desarrollo masivo y el papel que pueden ostentar las tecnologías para cualquier actor del ecosistema, hay que diseñar un modelo basado en dos dimensiones:

- La primera delimitaría quién es el centro de actuación prioritario para esa tecnología, el cliente o la propia organización.
- La segunda tendría que ver con la dirección en la que se enfoca esta actuación, hacia el exterior o hacia el interior de la empresa.

Al interrelacionar ambas dimensiones, podemos definir una matriz de la que resultan cuatro bloques que agrupan las diferentes tecnologías existentes hoy, como se refleja en la figura:

Gráfico 8.1. Clasificación de las tecnologías según su uso prioritario

EXTERNA	**Ecosistema** Propósito clave: Conectar	**Experiencia** Propósito clave: Interactuar
INTERNA	**Gestión/Procesos** Propósito clave: Automatizar	**Cognitivo** Propósito clave: Comprender
	CENTRADAS EN LA ORGANIZACIÓN	**CENTRADAS EN EL CLIENTE**

Fuente: Elaboración propia.

A continuación vamos a detallar con mayor precisión el fundamento de cada uno de los bloques tecnológicos que conforman la matriz de este modelo.

En el cuadrante superior derecho confluyen cliente y dirección hacia el exterior. Aquí se enmarcan las tecnologías enfocadas en la experiencia del cliente, cuyo propósito se encuadra en la interacción con el usuario, tangible a través del diseño de interfaces, de la usabilidad de los distintos puntos de contacto (canales, pantallas, etc.) y de las tecnologías que potencian dicha interacción (realidad aumentada, realidad virtual, biometría, visualización, visión por ordenador *[computer vision]*, etc.). De esta forma, el binomio que forman la tecnología y los puntos de contacto es la base para que una estrategia omnicanal pueda ser efectiva, se desarrolle mediante procesos homogéneos y pueda anticipar el IoT.

Siguiendo con la dimensión centrada en el cliente, pero interrelacionada con su dimensión interna, se encuentran las tecnologías cognitivas. En este cuadrante se ubican aquellas que permiten comprender el universo del cliente en cuanto a preferencias, necesidades, prioridades, conductas, trayectoria histórica, etc. Abarca las tecnologías que orbitan alrededor de la IA (algoritmos, aprendizaje automático, reconocimiento de objetos, procesamiento del lenguaje, etc.), que propician el diseño de productos y servicios e incluyen actividades relacionadas con la analítica de datos, el cálculo del *scoring* de riesgos y de fraude, la definición de modelos de propensión, las operaciones de *trading* en Bolsa, los gestores automatizados inteligentes, etc. En muchos países la IA todavía no está regulada como lo pueden estar el almacenamiento y la utilización de datos por una normativa específica.

En tercer lugar, cuando el centro de actuación es la organización y la tecnología se dirige hacia el exterior, estamos hablado de las tecnologías de conectividad, cuya esencia consiste en facilitar la conexión con terceras partes para realizar consultas, agregar datos y cuentas, distribuir productos, iniciar pagos, etc. Como ya se ha detallado, se trata de la nueva base competitiva promovida por la PSD2, de uno de los pilares en la cocreación y distribución de productos con otras empresas y de uno de los soportes tecnológicos del *marketplace banking*. Las tecnologías posibilitan tanto la relación entre pares de jugadores (a través de interacciones vía API[2]) como la interacción simultánea entre multitud de jugadores dentro del mismo ecosistema a través de una red compartida.

Por último, si las dimensiones adoptan un enfoque interno y organizativo, las tecnologías buscan la eficiencia de los procesos. Entran en este cuarto bloque las de robotización de procesos (RPA), las propias redes *blockchain* y las que afectan a la infraestructura de una organización en la industria financiera. En esta última categoría lo fundamental es automatizar los procesos que dan soporte a cualquier actividad dentro de la organización y la base competitiva se focaliza en la gestión. Aquí la finalidad de la tecnología es sistematizar los procesos vinculados a las infraestructuras críticas: cuentas bancarias, aprobación (y amortización) de crédito, cálculo de riesgos, analítica de fraude, verificación de usuarios para el cumplimiento normativo (KYC, blanqueo de capitales), etc.

Como veremos a continuación, este modelo integrador de tecnologías está empujado por una fuerza motriz ubicada en la confluencia de los cuatro cuadrantes que se puede mover indistintamente entre ellos.

2. Las tecnologías en la generación de datos

La transformación tecnológica debe ayudar a abrir lo que ha permanecido cerrado, a estar donde el cliente quiera contactar, a comprender cada momento dentro de esa relación y a hacer eficiente cada pieza de la estructura de la organización. Un proceso como el *onboarding* de un cliente para abrir una nueva cuenta o para la concesión de un crédito supone poner en marcha varios de estos bloques de forma simultánea. Si además se añade que la contratación puede venir a través de terceras partes, los procesos aumentan su complejidad y se asumen más requerimientos tecnológicos. En una organización del siglo XXI los cuatro bloques deberían estar sincronizados a través de un elemento común: los datos.

¿Quién genera los datos? ¿Dónde se generan y almacenan? ¿Cómo se interpretan? Son preguntas habituales que vinculan e integran aún más las tecnologías anteriores para promover empresas centradas en los datos y en los clientes. Desde la lógica del cliente y sobre la matriz de tecnologías, es posible explicar el rol de los datos en la organización desde otro prisma.

El cuadrante experiencial actuaría como fuente primaria de obtención de datos en la que el cliente genera y revela a través de su interacción con pantallas, canales, herramientas de visualización, llamadas al *call center,* redes sociales propias, etc. Si la compañía posee una estrategia concreta basada en el descubrimiento y el enriquecimiento de los datos de un cliente, se apoyará en más vías de obtención y abrirá la posibilidad de contar con un segundo cuadrante. Por tanto, el ecosistema (agregadores de datos y cuentas, canales externos, complementadores, administraciones públicas, etc.) actuaría como esta fuente secundaria que ampliaría la información sobre el cliente.

Así, cualquier empresa de la industria puede:

- Poseer datos propios sobre la transaccionalidad de un usuario, sus históricos de pagos y créditos (o impagos), su digitalización y el comportamiento en *webs* y aplicaciones propias, etc.
- Acceder a datos de terceros sobre la dinámica financiera pasada.
- Acceder a datos de terceros de carácter más particular sobre estilo de vida (viajes, ocio, compras, etc.), servicios recurrentes contratados, impuestos, comportamiento en redes sociales, *webs* y aplicaciones, historial de búsquedas, canales y momentos preferidos para comprar, conexiones sociales, geolocalización o ubicación geográfica y perfil socioeconómico vinculado, etc.

Y tras el paso por los cuadrantes enfocados en obtener, compartir, agregar, generar y revelar datos, nos trasladamos a la siguiente fase: su gestión. En este nuevo bloque, el inferior izquierdo de nuestra matriz, la empresa debe apuntalar su capacidad para integrar, de forma automatizada, datos estructurados y no estructurados[3] recolectados de diversas fuentes (los actores de un ecosistema pueden trabajar con formatos poco homogéneos: *.json, html, csv*, etc.). Esta fase se conoce como *ingesta* y en ella el interés se centra en preparar el dato para que sea «usable» en función del fin para el que se requiere. A la fase de integración se añadirían ahora las actividades de almacenamiento, procesamiento, análisis y visualización de datos.

El objetivo final es permitir a la empresa realizar los perfiles específicos de los clientes. De este modo, a las bases de datos relacionales basadas en datos propios y estructurados se añadan ahora «capas» que posibilitan hacer operativos datos alternativos o no estructurados procedentes de fuentes dispares. Un dato estructurado es aquel que tiene un campo fijo en un archivo o en un registro bajo un lenguaje de consultas estructurado y sobre el que es relativamente sencillo establecer operaciones de búsqueda. Por tanto, la primera distinción se ciñe a la posibilidad de emplear datos estructurados y no estructurados o alternativos. Estos últimos son los que podemos generar en redes sociales, por nuestra huella y trayectoria digital, en nuestra navegación por Internet, etc., y que para cualquier empresa es difícil de estructurar bajo un lenguaje propio. Así, a la estrategia de adquisición de datos ahora se incorpora una capacidad operativa que permite «hacerlos» disponibles para que los algoritmos puedan trazar perfiles específicos de los clientes. Esto tiene especial importancia en el caso de la industria financiera si lo comercializable es un producto de riesgo, ya que afectará a las características intrínsecas que se le exigirá al dato: la fiabilidad de la fuente, su potencial explicativo, etc.

La suma de estrategia, infraestructura y capacidad de transformar datos en aprendizaje de los clientes nos señala el camino hacia el siguiente cuadrante: el conocimiento de este. En las décadas de 1980 y 1990 se puso de moda en las escuelas de formación comercial un vídeo que llevaba por título «Soy tu cliente, recuérdame», en el que el protagonista narraba sus peripecias e infortunios en diferentes establecimientos de los que era cliente asiduo. Y es que el ingente volumen de datos al que cualquier empresa tiene acceso hoy hay que encuadrarlo en contextos, momentos o situaciones dentro de una visión relacional más amplia.

La ciencia cognitiva, responsable de «entender el cerebro humano», está posibilitando el «maridaje» de tecnología y psicología a través de programas de *software* que buscan patrones o pautas en usuarios y son capaces de correlacionar varios parámetros al mismo tiempo. El tratamiento de estos datos permite entender, interpretar, contextualizar y conocer, y su interpretación inteligente será la base para lograr un encaje óptimo entre cliente, necesidad y producto y en la semántica comercial empleada en la fase experiencial. Si el azaroso cliente de la década de 1990 se encontrara en una de sus actividades cotidianas, además de su nombre, ¿cuántas cosas sabríamos y recordaríamos de él?

El círculo se cierra: una tecnología que captura lo que se muestra y revela, otra tecnología que agrega y comparte más información revelada, una tercera que permite categorizarla, almacenarla y analizarla y una cuarta que permite entenderla en su contexto.

3. El camino hacia un contexto basado en los datos

¿Cuántos datos genera una persona hoy? ¿Cuántos se almacenan y emplean? A pesar del crecimiento exponencial que ha tenido el tratamiento de los datos en la última década, el porcentaje de los utilizables sigue siendo aún muy bajo en el mundo empresarial[4].

Una organización que quiera transitar hacia una cultura guiada por los datos debe tener en cuenta algunas particularidades.

Cadena de valor

Al igual que otros bienes, un dato puede enmarcarse en la secuencia de actividades descrita en el epígrafe anterior (ingesta o recolección, integración, transformación, visualización, etc.), que denotaría la capacidad de una organización para hacer operativa y monetizable la información generada por una persona.

Características de los datos

Además de la condición estructurada o no estructurada de un dato explicada en el epígrafe anterior, es importante resaltar algunas características básicas para tener una visión más global de su influencia. La siguiente condición tiene que ver con la contingencia del dato. Este posee un tiempo de duración y utilización más o menos determinado y, al igual que un producto o servicio, está sometido a un ciclo de vida y a un régimen de obsolescencia. Además, un dato se define por la condición (económica) de no rivalidad: los datos que una persona genera en la empresa A no los genera en la empresa B y, aparte, están sometidos a un contexto y a una interpretación diferentes. Esto influirá, por ejemplo, sobre el potencial explicativo que pueda proporcionar un conjunto de datos para crear productos customizados o confeccionar modelos de riesgos aplicados al mercado crediticio o a la gestión de inversiones.

Por otro lado, para la industria financiera es importante que la fuente de datos sea de calidad y reputada. ¿Podría un análisis inteligente de tu rostro revelar si eres un buen o un mal pagador? ¿Debería incluirse este dato en un modelo de riesgos para concederte un préstamo hipotecario? Para determinadas actividades de la industria financiera, la fiabilidad del dato proporcionado puede influir significativamente en las condiciones del producto.

Por último, una proyección de futuro: los datos deberían ser portables. Y para que lo sean, es positivo que los formatos (ficheros o archivos) resulten lo más homogéneos posible, accesibles y disponibles para todos los actores del ecosistema (previa autorización de la persona u organización poseedora). De esta forma, cualquier persona o empresa podría migrar sus datos de una ubicación a otra exactamente igual que se puede cambiar de compañía de teléfono sin cambiar de número.

Infraestructura

¿Entorno abierto o cerrado para nuestros datos? ¿Sistemas propios o de terceros? La dinámica continua que generan las actividades propias de la cadena de valor del dato y la necesidad de acomodar y ajustar dicha dinámica a la situación de una compañía en el mercado hacen que las compañías tengan que decidir si trabajan con sistemas propios o de proveedores especializados.

A través de modelos en la nube[5], la infraestructura tecnológica o los programas de *software* (para el acceso o el almacenamiento) se alojan en proveedores externos y se utilizan en remoto a través de Internet. Este modelo se configura a través de formatos *as-a-service* en los que la agilidad en la implementación y la escalabilidad se ajustan a criterios bajo demanda por necesidades específicas de la empresa. La alternativa es el denominado *modelo on premise*, un formato que sí necesita instalación en local (servidores y ordenadores), por lo que es posible tener accesibilidad al control de los datos siempre que se esté delante del equipo.

La diferencia respecto al primero radica en que es la propia empresa la que controla la infraestructura, las aplicaciones de *software* vinculadas y la seguridad de los datos. Suele estar presente en grandes empresas, ya que todas las aplicaciones que gestionen (CRM, gestión documental, gestión financiera y contable, etc.) también deben poseer la característica *on premise*. Aunque ambas alternativas contemplan un importante componente de personalización, la decisión vuelve a estar condicionada por la disyuntiva entre soportar gastos operativos, OPEX (entornos en la nube), o gastos fijos, vía CAPEX *(on premise)*. De ahí que muchas *fintechs* y otras empresas tecnológicas similares apuesten por trabajar en entornos en la nube, más versátiles, menos costosos y con la capacidad tecnológica para integrar aplicaciones de terceros de forma rápida y segura.

Ubicación

Nuestros datos, en conjunto, están dispersos en muchos «repositorios». Además de las entidades que componen este universo financiero, los generamos en empresas tecnológicas, dispositivos inteligentes, grandes almacenes, *marketplaces* y tiendas físicas o digitales, compañías de movilidad, redes sociales y *mass media,* operadoras de telecomunicaciones, plataformas especializadas en ocio (de cualquier tipo) y turismo, administraciones públicas, organizaciones educativas y un sinfín de ubicaciones más.

Estos «silos» externos de datos, aislados, sin estructura ni categorización previa, pueden ser de gran utilidad para diseñar productos y servicios basados en el estilo de vida de una persona o en las condiciones de negocio de una empresa. Cualquier estrategia de enriquecimiento de datos ha de tener en cuenta este tipo de fuentes alternativas[6] correos electrónicos, fotos, vídeos, mensajes de texto, audios, geoposición, movilidad *(smartphones/logs),* huella digital y *online,* biometría, datos de conducta financiera, etc. Dentro del ámbito financiero cualquier empresa puede ampliar el rango de información disponible al acceder a estas fuentes y conjunto de datos *(datasets),* que funcionarían como elemento fundamental en el cálculo de la calificación del riesgo de un usuario, en la singularización del crédito y en crear impactos comerciales en tiempo real.

Gobierno

Muchas empresas han apostado por ir más allá de la simple configuración operativa de los datos y han incorporado este sistema como parte de su filosofía y cultura organizativa. El gobierno de datos actúa como un marco de referencia respecto a la gestión de estos e incluye actividades, herramientas, cumplimiento normativo, programas de seguridad, sistemas de calidad, principios de comportamiento ético y definición de responsables y responsabilidades. Por tanto, sirve de guía interna para definir las tareas específicas para el acceso, la disponibilidad, la utilización y eliminación de datos, y como guía externa como parte de la política de transparencia y responsabilidad empresarial y con acciones que van más allá de las indicaciones que marca la normativa correspondiente. The Global Data Management Community y Data Governance Institute proveen de certificados, formación, asesoramiento, guías de recomendación y mejores prácticas para que las empresas puedan implementar sus sistemas de gobierno del dato basándose en principios de integridad, transparencia, etc.

Efectos directos

Además de los beneficios que puede aportar al diseño de productos, la economía de datos presenta una relación directa con la economía del comportamiento respecto a la potencial reducción de las asimetrías informativas y el riesgo moral en situaciones relacionadas con el crédito, la medición de riesgos o la prevención del sobreendeudamiento en personas y empresas. La preparación adecuada de datos, la selección oportuna de fuentes y el empleo de tecnologías innovadoras pueden mitigar el riesgo moral en una transacción y lograr una significativa disminución sobre las ratios de impago y de fraude en el mercado de crédito. Por tanto, estamos ante la eliminación del tradicional desequilibrio de información entre dos partes respecto a la capacidad y la voluntad de pago. Si hace un siglo para el filósofo español Ortega y Gasset un ser humano era «yo y mi circunstancia», en este, el ser humano bien podría definirse como «yo y mis datos».

9. LAS CUATRO ESFERAS TECNOLÓGICAS DE LA TRANSFORMACIÓN

«La realidad se forma tan solo en la memoria».

En busca del tiempo perdido, Marcel Proust, escritor francés.

Las tecnologías exponenciales han incrementado el grado de sofisticación que necesita una empresa para competir en el mercado, aunque también han rebajado las barreras de entrada de la industria al ser accesibles y estar disponibles para cualquier nuevo negocio.

Parece evidente que estas tecnologías y la regulación que debe amparar sus aplicaciones aún muestran avances asíncronos entre los países y los *sandbox* pueden tener una relevancia estratégica en la configuración de la innovación financiera futura.

Interactuar, conectar, entender y automatizar son los principios rectores que rigen los cuatro bloques. Este capítulo muestra qué tecnologías se camuflan detrás de cada verbo, sus características fundamentales y algunas aplicaciones en el universo *fintech banking.*

1. La base tecnológica de la conectividad

Una industria abierta, desarrollada tecnológicamente y basada en plataformas digitales y en la creación de ecosistemas tendría que lograr que sus clientes y usuarios accedieran y dispusieran de un amplio y variado rango de productos y servicios de una forma integrada. Esto implica transformar la manera en la que se distribuyen, se entregan e intermedian los productos y servicios financieros. Se trata de los tradicionales agentes colaboradores en versión digital. Para crear un entorno abierto, las partes tienen que dialogar sin barreras, comunicarse con fluidez y compartir un propósito colaborativo similar. Dicho propósito se ha visto impulsado y reforzado por los diferentes proyectos de banca abierta en el mundo en un paradigma en el que «conectar» es otro de los mantras consolidados. Conectamos dispositivos, personas, empresas, instituciones, activos, *webs* y aplicaciones móviles a través de la tecnología para originar una interacción (una venta, una consulta, etc.) desde cualquier dispositivo y en cualquier momento, creando así un considerable efecto red.

En este efecto exponencial han tenido mucho que ver los modelos basados en plataformas al desarrollar (y permitir) el desarrollo de API a terceros. Si desde la propia aplicación móvil de una marca de moda una *fintech* permite financiar la compra, ¿cómo se comunican ambos para facilitar el préstamo o el pago a plazos? Si desde nuestro gestor financiero queremos incorporar una tercera cuenta bancaria, ¿cómo se comunican ambas entidades?

Estos protocolos permiten que unos productos y servicios se comuniquen con otros al compartir estándar tecnológico (un mismo lenguaje, un mismo código). Las API actúan, por tanto, como vehículos de comunicación e interacción entre dos o más partes. Por ejemplo, con esta tecnología los silos de datos mencionados en el capítulo anterior podrían agruparse con el fin de fortalecer la estrategia de enriquecimiento. En estos momentos en el mundo están registradas unas veinticinco mil API, y curiosamente el sector financiero es el que más ha desarrollado en los últimos años (agregando todas las categorías, hay API diseñadas para pagos, *bitcoin,* monedas, criptomonedas, *financial,* etc.)[1].

Las *fintechs* que implementan este tipo de tecnología pueden:

- Tener un modelo de *marketplace* para poner en contacto a muchas terceras partes y permitir que desarrolladores externos creen programas para los clientes.
- Contar con un modelo especializado en producto que pueda actuar también como marca blanca tecnológica para un tercero.

- Actuar como plataforma tecnológica para la agregación de datos y conectividad con cualquier agente del ecosistema.

Tal es el impacto previsto sobre el desarrollo empresarial futuro, que incluso existe una línea narrativa específica sobre la denominada *API economy.*

Tipologías de interfaces de programación de aplicaciones

Aunque la naturaleza primaria de una API es conectar a una organización con el exterior, es habitual que en las empresas las haya internas para conectar elementos internos y concretos de su *core banking* con sus productos y servicios antes de salir a un entorno más abierto. Puede suceder con elementos del cumplimiento normativo o para la lucha contra el blanqueo de capitales en servicios de pagos internacionales proporcionados a terceras partes, por ejemplo.

Superado este matiz, la primera categorización de API se debe fijar según su grado de apertura. Este nivel es análogo al descrito a la hora de explicar la configuración de los nuevos ecosistemas, en los que es posible determinar dos niveles finalistas: API abiertas y cerradas. Las cerradas, como en el caso de los ecosistemas, han de contar con una autorización exclusiva de uso y están disponibles para muy pocos intervinientes, que no pueden modificar las condiciones. Las internas también tienen esta condición.

Respecto a las API abiertas, pueden presentar varios escenarios:

- Pueden ser públicas, completamente abiertas y de fácil acceso e implementación. Por ejemplo, las administraciones públicas cuentan con este tipo de tecnología para que puedan estar disponibles datos referentes a la localización de viviendas, a las características demográficas o socioeconómicas generales de la población, etc.
- Pueden estar enfocadas en los *partners* del negocio, sean proveedores preferentes o miembros de la comunidad de usuarios. El objetivo puede ser amplio: crear, distribuir o adquirir productos o prestar servicios. El acceso está restringido y las condiciones

varían en función de la posición competitiva del negocio. La mayoría de los negocios del universo *fintech banking* cuentan con esta tipología.

La segunda clasificación tiene que ver con el para qué sirve la API, es decir, el contenido de la interacción. El para qué de una tecnología así varía según las posibilidades que marca la normativa específica de un país, aunque el estándar tecnológico sea similar. Los contenidos de la API incluyen[2]:

- Información financiera: balance de cuentas, gasto y límite establecido para las tarjetas de crédito, créditos en activo, inversiones activas, otros productos financieros contratados e histórico de transacciones.
- Crédito: información crediticia básica (*scoring* de riesgos) y preconcesiones de créditos (p. ej., de consumo, hipotecario o de automóvil a través de terceros).
- Transacciones: acceso a cuentas, autenticación (alfanumérica, biométrica, etc.), gestión de pagos, autorización para iniciación de pagos, devoluciones y reembolsos, etc. (tanto para *fiat* como para criptomonedas).
- Información sobre producto: contratos de términos y condiciones y firma digital.
- Integraciones con *software* de gestión empresarial: *reporting* multibancario de posición financiera y de tesorería.
- Productos financieros para empresas relacionados con *cash management*, SCF, pagos en divisas, etc.
- *Compliance:* KYC, blanqueo de capitales, *onboarding* propio y desde terceros.
- Información no financiera: *insights* concretos de cliente, informes de tendencias, geolocalización, etc.

Es entendible que el ecosistema financiero sea la punta de lanza en el ámbito internacional en cuanto al desarrollo de este tipo de tecnologías. Si se cruzan los componentes de ambas clasificaciones, es posible comprobar la dimensión y la profundidad que tiene la tecnología para crear la base que impulse el desarrollo de las finanzas embebidas y abiertas.

Monetización

Como ha sucedido en otros desarrollos tecnológicos, los modelos de ingresos (o costes) también han ido evolucionado en los últimos años hacia formatos de ingresos y costes variables más adaptados a las circunstancias de cada cliente.

La dinámica decisoria vuelve a articularse sobre la disyuntiva CAPEX frente a OPEX, y las alternativas involucran:

- Al poseedor de la API, que será la entidad que obtenga el ingreso: una *fintech,* un banco, una tecnológica, etc.
- A la tercera parte que se conecta a esa API: suele ser el producto o servicio contratado por el cliente y soportará el coste.
- A los datos que requiera esa petición según su finalidad: contratación final de un producto, consulta de información, entrega del servicio, etc.

Integrando todas estas variables, los métodos más habituales que se pueden encontrar en el mercado son[3]:

- *Free*: no hay costes asociados al uso o consumo de datos.
- *Freemium*: igual que en otros modelos, una parte del servicio es gratuita y se comienza a pagar cuando se alcanza una métrica concreta (datos, llamadas, transacciones, etc.).
- Por suscripción: puede acoger modelos fijos de pago mensual (independiente del uso) o dinámicos por uso.
- Por llamada: se paga cada vez que se produce una interacción (p. ej., un pago o una consulta de cuenta bancaria desde un tercero).
- Por datos consumidos: pagando cada vez que alguien se conecta a una API.
- Por transacción: permite utilizar y pagar por servicios transaccionales con un perfil modular circunscrito al formato *plug and play.*
- Compartir ingresos: se enfoca en empresas que apuestan por la innovación abierta y la creación de servicios con terceras partes donde se comparten los ingresos resultantes.

Métricas

La implementación de tecnologías de conectividad ampliará las fuentes de ingreso a muchas empresas del sector y facilitará la innovación con otros agentes del mercado para buscar mayor capacidad de respuesta ante los nuevos requerimientos del cliente. Pero la implementación también tiene que estar monitorizada a través de algunos indicadores estratégicos que midan el coste de desarrollo y de lanzamiento de las API, la calidad (número de incidentes *ex post*, calidad del código, etc.) y el rendimiento final (número de API lanzadas, uso activo por clientes o terceras partes, etc.). Por último, es necesario monitorizar flujo y tipo de ingresos definidos a partir de la elección del modelo y de los servicios que están integrados en la API.

En Reino Unido además existen medios como www.openbanking.org.uk desde los que cualquier persona puede consultar y descargar las métricas de rendimiento (en el ámbito del país, aunque también existen servicios que lo hacen por empresas) en función de varias categorías: disponibilidad de aplicaciones, número de llamadas, tiempo de respuesta, número de errores, etc..

Un desafío

La integración de diferentes tecnologías es un reto para muchas compañías. En este caso, unificar en un mismo proceso conectividad y tecnología predictiva para la contratación de productos en canales externos supone un desafío para consolidar la banca abierta. Imagina la originación de un crédito al consumo desde un *smartphone* en una tienda en la que el cliente se acaba de registrar.

El proceso de aprobación requiere conectar a empresas de información crediticia, de agregación de datos financieros, de tecnologías predictivas para la modelización y calificación de riesgos y de distribución y comercialización con el fin de evaluar la capacidad de pago y la exposición al riesgo de ese cliente. Y en tiempo real. Es indudable que la integración de este tipo de tecnologías inteligentes con las de conectividad hará que muchas empresas compitan de verdad en un entorno abierto, colaborativo y con la seguridad jurídica necesaria.

2. ¿Entender o qué entender? Una cuestión de ciencia y tecnología

La ciencia cognitiva estudia los mecanismos que emplea nuestro cerebro para vislumbrar el cómo y el porqué de nuestra forma de pensar, crear o tomar decisiones. Y es la IA la encargada de construir el *software* y las máquinas que pueden realizar las actividades que llevamos a cabo.

Para hacer que la IA tenga la capacidad de emular el pensamiento y la acción humana se precisa la interacción entre disciplinas como la ingeniería, las matemáticas, la estadística, la informática, la psicología, la filosofía, la lingüística e incluso la propia ciencia cognitiva. Para desarrollar y perfeccionar este entendimiento, las máquinas, como los humanos, también deben aprender. Y aquí es donde aparece el aprendizaje automático[4]. Si la IA es la disciplina, este tipo de aprendizaje representa un método concreto (basado en algoritmos) dentro de ella para que máquinas y sistemas aprendan y mejoren a través de la experiencia de forma automática.

Este *software* para el aprendizaje automático tiene como finalidad identificar patrones a partir del análisis de datos (estructurados y no estructurados; oídos, vistos o leídos) para poder interpretarlos o realizar predicciones. Y es que, para que la ciencia pueda ser predictiva, necesitamos que los hechos tengan un carácter repetitivo. En su aprendizaje, si los algoritmos se concentran en aprender sobre una variable en particular (p. ej. dividir a los clientes por su nivel de riesgos en función de sus pagos en los tres últimos años), se habla de *aprendizaje supervisado.*

En caso de que las variables o categorías no se definan previamente, el aprendizaje es *no supervisado* y son los algoritmos los que crean sus propias categorías agrupando datos en clústeres por sí mismos. Para identificar estos patrones (demográficos, de comportamiento, socioeconómicos, etc.) en el diseño de los algoritmos se suelen emplear técnicas que combinan la lógica, la estadística y la probabilidad, aunque con un afán exploratorio más que con un patrón confirmatorio. La diferencia estriba en que la segmentación de clientes no posee un punto de partida definido y trata de buscar información novedosa para la toma de decisiones basándose en nuevos patrones y reglas inéditas.

¿A qué se pueden aplicar estas técnicas para obtener patrones e interpretar sus resultados?

La finalidad de este conjunto de técnicas es convertir en «usables» grandes volúmenes de datos cuyo carácter sea escrito, oído o visto. Si un algoritmo basado en aprendizaje automático actúa como «interpretador», estos datos serían «lo interpretado»:

- **Textos.** Su interpretación incluye tres acciones:
  - Procesar el lenguaje natural o ser capaces de leer y comprender el lenguaje escrito (tiene que ver con la comprensión semántica del texto).
  - Analizar el sentimiento (discernir qué emociones están implícitas en un texto).
  - Traducir.

  Los estados financieros de una empresa (lectura automatizada de cuentas anuales, balances, etc.), los comentarios en redes sociales (qué comentarios hacen los usuarios sobre una empresa o usuario en particular y las emociones que el texto sugiere) o la documentación para realizar una hipoteca son algunos ejemplos que ya están implementados dentro del sector. Tanto la minería de textos como el análisis del sentimiento son aplicables a datos tanto estructurados como no estructurados.
- **Sonidos.** Las acciones son:
  - Procesar el lenguaje natural o ser capaces de escuchar y comprender el lenguaje hablado.
  - Hacer una verificación biométrica personal por reconocimiento de voz.
  - Convertir discursos en texto escrito.
  - Generar discursos de forma automática entre máquinas.
  - Mantener conversaciones en tiempo real con sistemas inteligentes.

  La voz se ha convertido en una herramienta estratégica para algunas compañías del sector como factor de verificación y autenticación de usuarios y para reconocer y analizar estados emocionales (entonación, timbre, volumen, tipo de palabra empleada, etc.).
- **Imágenes.** Las acciones para la interpretación de imágenes son tres:

- *Computer vision*: comprender escenas de fotos y vídeos, reconocer y seguir objetos, segmentar perfiles, etc.
- Realidad aumentada.
- Biometría.

La idea es enseñar a las máquinas a visionar, analizar y entender las imágenes y el contexto en el que transcurren (imagina un coche guiado por IA). Además de las aplicaciones para la identificación de personas, el análisis de imágenes puede mejorar la comprensión del contexto de un usuario, su conducta, sus preferencias, su estilo de vida, etc. Si los algoritmos son capaces de integrar esta información, aprenden por sí mismos, pueden reconocer diálogos, identificar imágenes y efectuar predicciones según los patrones analizados, y hacerlo todo con cierta autonomía, se trataría de un sistema de aprendizaje profundo *(deep learning)*[5].

¿Qué aplicaciones tiene este tipo de herramientas inteligentes al universo *fintech banking*?

En el nuevo universo financiero, la IA se ha ido incorporando paulatinamente a diferentes actividades del proceso de negocio: desde clientes y operativa hasta la valoración del riesgo o del fraude, por ejemplo. Más concretamente, es posible encontrar su aplicación en cuatro áreas:

1. Interacción directa con clientes actuales o potenciales a través de cualquier dispositivo del IoT:
   - Interfaces inteligentes de texto y audio para la contratación de productos o en una transacción (p. ej., en pagos).
   - Interfaces de texto y audio para el asesoramiento, la atención o el acompañamiento de un cliente en procesos de comunicación de incidencias, reclamaciones, etc.

2. Operativa de inversiones:
   - Sistemas de *trading* de alta frecuencia.
   - *Roboadvisors* para la gestión automatizada de inversiones.

3. Propuesta de valor comercial actual y futura:
   - En la personalización de productos y servicios.
   - Para diseñar nuevos productos basándose en el análisis de patrones específicos.

- Para establecer estrategias de precios acordes a cada necesidad.
- En los sistemas y motores de recomendaciones de productos.

4. Medición del riesgo en los productos de financiación. Como sentenció el fundador de Zest AI, Douglas Merrill, «Todos los datos son datos crediticios» *(«All data is credit data»).*

   Calcular la puntuación crediticia global de un usuario que refleje su estilo de vida presente y pasado y que provea una visión holística y en tiempo real de sus necesidades y preferencias es el anhelo de cualquier compañía. Esta calificación integraría datos de edad, histórico de ingresos y gastos anuales y mensuales, *e-commerce,* huella digital y navegación por la red, evolución académica y trayectoria profesional completa, créditos que se han solicitado, utilización y resultado e histórico de pagos (y sus incidencias). Hay compañías tecnológicas capaces de parametrizar unas dos mil variables de un usuario en el proceso de originación de un crédito, agruparlas por categorías y asignarles una ponderación determinada para que el algoritmo calcule su puntuación crediticia de forma pormenorizada. En estas variables se incorporan ya datos alternativos o no estructurados que pueden ampliar el contexto del usuario, aunque su potencial explicativo para el modelo se encuentre limitado en ese momento.

La evolución tecnológica aplicada al sistema de calificación crediticia se debe traducir en mejoras respecto a:

- Mayor calidad del crédito y nivel de riesgo ajustado a la evaluación objetiva y actualizada del solicitante.
- Creación de una puntuación crediticia automatizada: sistematizar las operaciones de crédito redundaría en mejoras en tiempos de concesión (o rechazo), costes operativos y experiencia del cliente.
- Mejora del seguimiento de la cartera: aprendizaje contextual sobre el comportamiento de pago del usuario (y de sus pares) y establecimiento de *red flags* ante potenciales conductas de impago.

- Disminución del riesgo normativo: análisis en tiempo real de potenciales riesgos (blanqueo de capitales, financiación del terrorismo, etc.) y creación de un sistema de alertas tempranas en caso de situaciones potenciales de fraude.
- Posesión de información en tiempo real de la cartera de crédito de una entidad para la gestión interna o en caso de establecer comunicaciones con terceros (supervisores, administraciones públicas, inversores, etc.).

En aras de incrementar la transparencia en la solicitud de un crédito hay empresas especializadas en tecnología de medición del riesgo que ya muestran en un panel las diferentes métricas y la ponderación que han utilizado para aprobar o rechazar el crédito basándose en la obtención de la métrica de riesgo. Según datos de la EBA[6], muchas instituciones financieras prefieren implementar algoritmos relativamente sencillos que tienden a ser más explicables en un esfuerzo por evitar situaciones de desequilibrio entre precisión y explicabilidad del modelo. La autoridad financiera señala que estas entidades prefieren implementar, por ejemplo, técnicas basadas en árboles de decisión frente a las basadas en aprendizaje profundo a pesar de que las previsiones anticipan el efecto que tiene emplear la IA en la reducción de costes.

Aun con esto es posible constatar en *startups* y empresas con un ADN más tecnológico que los modelos avanzados de riesgos, basados en aprendizaje automático y apalancados en una estrategia de datos, muestran ya una habilidad predictiva superior a los modelos convencionales[7]. Conforme los algoritmos aprendan y entiendan las variables que rigen el contexto de cada situación, el impacto será cada vez mayor sobre la rentabilidad del producto de riesgo. De ahí la necesidad de afinar la modelización de riesgos con técnicas avanzadas que combinen ciencia de datos y aprendizaje automático y profundo (desde los algoritmos básicos hasta la potencia explicativa que pueden aportar las redes neuronales).

CONTEXTO FUTURO
La tecnología predictiva en la modelización de riesgos

Ignacio Bocos, director de Modelos regulados de riesgo de crédito. CaixaBank

En el ámbito financiero, como en todo proceso empresarial, la tecnología no es un fin en sí mismo, sino la herramienta que permite evolucionar, agilizar, industrializar y hacer más eficiente un proceso o una línea de negocio. En el caso de la banca tradicional, es principalmente la financiación de familias y empresas. Al ser un negocio de alto valor añadido con un grado de abstracción elevado, esta actividad se presta a impulsar la adopción de nuevas tecnologías mediante procesos de transformación disruptivos que, partiendo de la situación previa, dan pasos adicionales tanto desde la óptica de la automatización o digitalización de procesos mecánicos como desde la experiencia del cliente.

En concreto, la inclusión de modelos predictivos en los procesos de toma de decisión de riesgos representa el elemento que aflora a partir de una plataforma tecnológica robustamente cimentada con un elevado volumen de información histórica sobre el comportamiento de pago de los clientes. Esto supone la llave que permite dar el siguiente paso decisivo desde la óptica cualitativa: objetivar la toma de decisiones y permitir que sean infinitamente más ágiles y se puedan obtener incluso respuestas en tiempo real.

De hecho, el sector es uno de los agentes sociales más innovadores ya que ha tenido la convicción, generada interna o externamente mediante las diferentes normativas bancarias, del beneficio, en el sentido amplio, que aporta la inclusión de modelos predictivos en todos los procesos de gestión internos y, posteriormente, en la medición exhaustiva y supervisada de las necesidades de capital (Basilea) o de provisiones (IFRS9) de sus posiciones de riesgo. Por ello el uso intenso y el «hora de comprar» *(time-to-market)* de los modelos de riesgo junto con su tecnología conformarán en el futuro el elemento clave de las estrategias de las entidades, aspecto que competidores como las *fintechs* han interiorizado desde su fundación al ser precisamente estos elementos, dada su naturaleza de nativas digitales, una parte esencial de su propuesta de valor.

En definitiva, el escenario a medio plazo en entornos cada vez más exigentes tanto desde la óptica macroeconómica como de la inmediatez sólida en la digitalización es que las entidades que liderarán el sistema financiero serán aquellas cuyos modelos, no solo de riesgos, estén totalmente orientados a las necesidades de los clientes, enraizados en el funcionamiento de la entidad y, desde el ámbito técnico, sean metodológicamente diferenciales en su fortaleza predictiva.

3. La próxima generación de vendedores

Son el punto en el que confluyen todas las tecnologías descritas y todos los dispositivos imaginables. Y ese último *clic* propicia que una larga secuencia de actividades se active para cumplir el objetivo de esta tecnología: interactuar. En una rápida lluvia de ideas sería posible enumerar casi dos decenas de equipos desde los que pondríamos ese último acento: *smartphones,* tabletas, ordenadores portátiles y de sobremesa, televisiones, *wearables,* relojes inteligentes, asistentes inteligentes, sensores, drones, coches y demás vehículos autónomos, pantallas exteriores, espejos, gafas, electrodomésticos o robots. Sin olvidarnos de las tiendas físicas y las capacidades tecnológicas que pueden implementar en sus locales. Si replicamos el proceso ahora con las tecnologías, el resultado sería similar: *chatbots,* reconocimiento y análisis de voz, imágenes y vídeo, aplicaciones móviles, *webs*, biometría, hologramas, realidad virtual y realidad aumentada, gamificación y herramientas de visualización, y todo soportado, además, por tecnologías de conectividad y aplicaciones basadas en IA, entre otras.

Aplicar un tipo de tecnología u otra en un canal u otro dependerá del tipo de estrategia que una empresa quiera llevar a cabo. Si una empresa desea ofrecer experiencias inmersivas en las que el cliente «esté dentro» del viaje o rápidas en las que todo sea efectuado de forma automatizada y en tiempo real, las tecnologías y los canales variarán. Además de integrar estas tecnologías como parte de la experiencia del cliente, muchas formarán parte del *customer journey* de muchos productos y servicios financieros tanto en canales propios como en los de terceros: *onboarding* y firma biométrica, contrataciones y amortizaciones de préstamos para la compra de vivienda, visionado de información transaccional en tarjetas, etc.

Para desarrollar una experiencia centrada en el cliente hay que considerar los beneficios y las ventajas que pueden aportar las tecnologías que promueven y potencian la interacción con el cliente.

Chatbots

Son programas capaces de mantener una conversación escrita e interactiva con un usuario similar a la que podría resultar de la interacción humana. Pueden acortar el proceso de compra al actuar como guías o asistentes, permiten optimizar el servicio de atención al cliente y constituyen una tecnología muy conveniente para mantener canales de comunicación permanentes con los clientes, resolver dudas y contestar a preguntas en el momento. Se trata de una solución basada en IA y en el aprendizaje automático, por lo que se espera que los problemas que puedan solucionar a los usuarios con el tiempo sean cada vez más complejos.

En este nuevo escenario hay aplicaciones de *chatbots* desarrolladas para actividades como la compra con tarjeta de crédito, la solicitud de préstamos, seguros, peticiones de *leasing* o *renting* y la tramitación de préstamos hipotecarios. Los formatos están diseñados para *web* y *mobile,* pueden interaccionar con los usuarios a través de redes sociales como Facebook o WhatsApp y pronto será posible interactuar con este tipo de sistemas en cualquier dispositivo de los mencionados al inicio del epígrafe.

Realidad aumentada

Si un *chatbot* permite solucionar problemas a través de la escritura, la realidad aumentada ayuda a ver el mundo real también por medio de un dispositivo inteligente. Esta es una tecnología de carácter inmersivo en la que el usuario puede ubicar y visualizar un producto dentro de un espacio determinado (un sofá dentro de su salón, un asiento de avión en un viaje, un recorrido por un concesionario de automóviles, etc.). Y su despliegue tecnológico se completará en las propias tiendas físicas para lograr experiencias híbridas (holísticas, o como «un todo»). La realidad aumentada está íntimamente relacionada con las tecnologías basadas en *computer vision* descritas en el apartado anterior respecto a las aplicaciones que posibilitan el reconocimiento y la comprensión de escenarios y objetos en imágenes fijas o dinámicas (vídeo).

El universo *fintech banking* puede posicionarse en dos vías respecto a esta tecnología:

- Utilizarla de forma directa enfocada en la visualización, por ejemplo, del visionado de los gastos de las tarjetas de crédito proyectados desde la misma tarjeta, las cuotas y la amortización de un préstamo con el avance mostrado en el mismo coche o los gastos e ingresos recurrentes de una persona en imágenes tridimensionales y deslizables.
- Estar embebida en la realidad virtual o aumentada de otros negocios: procesos de pago o de financiación en visitas a tiendas, destinos vacacionales, etc.

El siguiente nivel en esta interacción lo marcará la tecnología holográfica con una experiencia visual tridimensional (hologramas), acompañada con soluciones de IA y desplegable tanto en tiendas físicas como en dispositivos inteligentes (masiva frente a individualizada).

Asistentes inteligentes

Llegamos a la voz, el «manos libres» en la experiencia de un cliente que busca la comodidad, la rapidez y el ahorro de tiempo en su vida cotidiana y que será esencial en la estrategia omnicanal de las empresas.

¿Cuántos hogares disponen ya de un asistente por voz inteligente? ¿Cuántas compañías están creando en este momento asistentes de voz diseñados con soluciones de IA para sus procesos de atención al cliente? A los reconocidos asistentes integrados dentro de nuestros *smartphones* y tabletas ahora se suman dispositivos externos y especializados para interaccionar directamente desde nuestro hogar *(home assistants)*.

Es factible imaginar que estos aparatos deben integrar soluciones tecnológicas inteligentes para el reconocimiento de voz y la interpretación de conversaciones o de las emociones en la voz, de modo que esta actúe como huella biométrica única para realizar cualquier transacción en cualquier momento. Se trata de una auténtica batalla por estar en la casa y en la vida del cliente para que pueda comprar un producto con una orden, buscar información sobre cualquier tema e incluso accionar aplicaciones para el control del hogar (temperatura, sistemas de seguridad o videovigilancia, contacto con empresas de reparaciones, etc.). Ante el poder de mercado que ostentan las grandes tecnológicas en este segmento, las nuevas propuestas pueden optar por embeber algunos servicios (como el control de las finanzas personales) o productos financieros en la propuesta de valor de otros negocios (tiendas, centros educativos, viajes y ocio, supermercados, etc.) para dar al cliente la posibilidad de pagar con una u otra tarjeta, cargar el importe a una u otra cuenta, etc.

Biometría

La Unión Europea define los datos biométricos como «datos personales obtenidos a partir de un tratamiento técnico específico, relativos a las características físicas, fisiológicas o conductuales de una persona física que permitan o confirmen la identificación única de dicha persona, como imágenes faciales o datos dactiloscópicos»[8]. La biometría permite, por tanto, la identificación de los usuarios con indicadores (datos) que posibilitan verificar (sinónimo de «autenticar») y confirmar (o desmentir) su identidad.

Existen dos tipos de características biométricas:

- Fisiológicas: incluyen datos de la huella dactilar, ADN, geometría de la mano, del iris y de la retina y reconocimientos facial y vascular.
- Conductuales: se reflejan en la firma, el pulso, determinados gestos o conductas, como el ritmo de escritura o la forma de tocar la pantalla, y la voz.

Como es posible deducir, la biometría actúa como tecnología integradora de las tres experiencias respecto a los elementos de voz, imagen y texto.

En la Unión Europea la PSD2 incorpora normativa específica para la autenticación reforzada de cliente (*Strong Customer Authentication* [SCA]) con el fin de reducir el fraude y mejorar la seguridad en las transacciones. La normativa estipula que cualquier negocio debe reforzar su seguridad empleando al menos dos de estos tres factores (es el conocido como *doble factor de autenticación*):

- Algo que sé (contraseñas, dirección de correo electrónico, etc.).
- Algo que tengo (dispositivos inteligentes).
- Algo que soy (huella biométrica).

Y, al igual que ha sucedido en otros campos tecnológicos, en el plano internacional el universo *fintech banking* ha desarrollado numerosos y diversos proyectos apalancados en la biometría:

- *Onboarding* digital incorporando videoconferencia con autenticación de rasgos faciales y voz separados para garantizar condiciones habituales de temperatura corporal, parpadeo y ritmo de voz en el usuario.
- Biometría de voz para el acceso y la autenticación de un cliente en los centros de atención telefónica.
- Biometría ocular que garantiza el acceso o la aprobación de transacciones con la mirada.
- Sistema de autenticación biométrica multidactilar sin contacto, que funciona con cualquier *smartphone* equipado con cámara trasera con *flash-led.*
- Biometría sobre la geometría de la mano para el acceso a tiendas automatizadas o para realizar el pago de mercancías en la línea de caja.
- Biometría de firma en *smartphones* y tabletas para la autenticación del usuario captando la singularidad de sus movimientos a la hora de tocar la pantalla.
- Biometría facial para realizar retiradas de dinero en ATM.

También existen proyectos variopintos para la identificación de usuarios o la validación y autorización de operaciones basados en el

ADN y en el ritmo cardíaco de una persona. El mayor desafío que tiene esta tecnología se encuentra en el eje que conforman la seguridad y la experiencia del cliente. Un factor biométrico tiene que ser extrapolable a los diferentes dispositivos de que disponga y emplee. De ahí que la voz se convierta en un elemento biométrico fácilmente replicable y usable como identificador.

Chatbots, asistentes inteligentes, biometría y realidad aumentada son cuatro de las principales tecnologías enfocadas en potenciar experiencias nuevas y singulares para un cliente cada vez más digital, conectado y social.

CONTEXTO FUTURO
Tecnología biométrica: reconocer para confiar

Javier Mira, CEO. FacePhi

La tecnología biométrica se ha integrado con toda naturalidad en la vida de millones de personas. Se trata de un mercado que en 2020 rondaba, según Global Industry Analysts, los veinticuatro mil millones de dólares y que en 2027 puede alcanzar una cifra estimada entre los cincuenta y cinco mil y los ochenta mil millones. Este progresivo y exponencial impacto ha quedado reflejado en los momentos más duros de la pandemia global. En este difícil contexto las soluciones de *onboarding* digital han tenido una notable repercusión en países como Argentina, donde los jubilados, para reclamar su pensión, estaban obligados a acudir a las oficinas bancarias para dar «fe de vida». Gracias al sistema de identificación que implementamos junto a uno de los mayores bancos del país, miles de pensionistas pudieron normalizar el cobro de su pensión en pleno confinamiento simplemente mediante un *selfie* realizado con su móvil. Esta es una dimensión, la ética y social, integrada también en la biometría, una tecnología diseñada por y para las personas.

En la actualidad la tecnología biométrica permite desde la identificación para realizar operaciones en un ATM sin necesidad de contraseñas hasta efectuar pagos en tiendas mediante el reconocimiento facial. La accesibilidad y mayor seguridad de estos sistemas es la respuesta a una tendencia irreversible. Según MasterCard, en mayo de 2020 el 78 % de las transacciones en Europa se realizaron a través de pagos *contactless.* Y la crisis de la COVID-19 ha disparado los pagos digitales y las operaciones a través de la banca digital, consolidando de este modo el uso de soluciones de reconocimiento facial, periocular y por voz y la lectura óptica de documentos. Así lo indica el estudio *Market Guide for Identity Proofing and Affirmation de Gartner,* que prevé que en 2022 el 80 % de las organizaciones emplearán soluciones de verificación de identidad en sus procesos de *onboarding* con sus clientes.

¿Qué esperamos para el futuro? Que las biometrías que utilizan rasgos faciales, la mirada, la huella dactilar, la voz o el patrón de la firma formen parte de la vida de los clientes y de su autenticación personal para aprobar cualquier transacción a la hora de solicitar un crédito, tomar un avión sin billete, alquilar un coche o abrir la puerta de la habitación de un hotel.

4. Una tecnología para la descentralización

Hace dos capítulos nos adentrábamos, brújula en mano, en el nuevo mundo del dinero, más descentralizado, con nuevas utilidades y apoyado en la tecnología que dará soporte al nuevo mundo alumbrado desde el nacimiento de *Bitcoin*: la tecnología *blockchain*. Si repasamos aquellas anotaciones, se trata de un tipo único de registro informatizado diseñado sobre técnicas criptográficas cuyas decisiones en la red se toman por consenso.

De esta aproximación se extraen las características fundamentales de esta tecnología:

- Existe un protocolo de consenso para las decisiones sobre verificación y aprobación de datos y transacciones, que se suele catalogar como «consenso distribuido», ya que la responsabilidad sobre estas decisiones recae sobre toda la comunidad de usuarios.
- La tecnología permite escribir nuevos datos sobre los ya existentes (y así sucesivamente) y compilarlos y vincularlos en forma de cadena de bloques, que se replican en cada equipo perteneciente a la red.

- Es una base de datos auditable construida por múltiples participantes, cifrada de principio a fin mediante criptografía y en la que cada entrada puede ser auditada y verificada en tiempo real (en el caso de *bitcoin*, por ejemplo, queda registrado quién posee cada moneda).

Esta tríada de condiciones plantea una disyuntiva sobre qué grado de apertura debe poseer la red y cómo asentar un nivel de confianza adecuado para operar en un entorno descentralizado (la descentralización se asienta sobre la propia tecnología). Si se combinan todos los factores, existen tres alternativas[9]:

1. Pública: da acceso a cualquier persona, las transacciones son transparentes y cualquiera puede verlas. Es la opción que se sustenta en una democracia «plena».
2. Privada/permisionada: funciona de forma similar a un consorcio. El acceso para «escribir» y verificar transacciones está limitado a un número determinado de miembros (o quizás a una sola organización). Al ser un entorno «controlado», la gestión de datos y el cumplimiento normativo podrían automatizarse.
3. Federada: opera bajo el liderazgo de un grupo y el acceso es limitado debido a la limitación de participantes.

Y detrás de cada red hay un ecosistema con servicios de *software* creados para compartir datos abiertos o su trazabilidad con cientos de patentes registradas y con las empresas tecnológicas chinas y estadounidenses creando un mercado masivo de soluciones *as a service.*

¿Qué impacto tiene esta tecnología en el universo financiero?

El primer efecto de la tecnología *blockchain* es que elimina los intermediarios de cualquier operación (recordemos que *bitcoin* no tiene una institución centralizada que respalde la moneda). Según esta filosofía, ahora el habitual tercero de confianza (p. ej., un banco central o comercial) es la propia tecnología y el consenso de la red que la soporta. Si se descentraliza la actividad financiera, se descentralizaría el riesgo derivado.

El segundo efecto es que, al eliminar intermediarios en una operación, siendo una tecnología escalable a cualquier parte del orbe, abarata significativamente los costes de transacción y custodia y los asociados a la operativa de *back-office* del proceso previo y posterior a la operación.

El tercer efecto consiste en que la tecnología permite crear aplicaciones descentralizadas o distribuidas (a partir de bases de datos replicadas y situadas en multitud de ubicaciones) en un contexto que requiere la coordinación de multitud de actores. Imagina, por ejemplo, un pago transfronterizo entre dos empresas en el que entran en juego la sincronización (tiempo real cuando se produce la venta o la entrega), la veracidad (legitimidad de los intervinientes al estar en la misma red) y la trazabilidad (evidencia) de la operación.

Un cuarto efecto derivado de la operativa anterior consiste en la aparición de *smart contracts*. Así, una empresa podría pagar a un cliente un activo digital (una factura en dólares con un descuento concreto) «si y solo si» se produce la entrega antes de una fecha determinada. También podría ser útil en pagos recurrentes, como las domiciliaciones, o para el abono de los cupones periódicos de un bono. Este tipo de programas no requieren la presencia de un «tercero de confianza» entre ambas entidades ya que la tecnología *blockchain* es la que automatiza la ejecución del contrato por sí misma.

¿Qué áreas se ven afectadas por esta tecnología?

Además de su utilidad finalista, canalizada a través de la creación de criptomonedas o de *tokens,* tiene un amplio alcance sobre la parte transaccional al desarrollar protocolos que afectan al «movimiento» de los activos creados.

Pagos internacionales

En el ámbito global factores como el retraso en la recepción de las transacciones, el riesgo de contraparte y el fraude potencial o la incertidumbre sobre el coste de la operación o la divisa han impulsado la adopción prioritaria de la tecnología *blockchain*. Con su llegada[10] muchas entidades tradicionales han comprendido que se quedaban «fuera del sistema de pagos» en su rol de tercero de confianza (las redes de tarjetas que amparan la operación o SWIFT, la red internacional de comunicaciones financieras, que agrupa a más de diez mil entidades y que puede procesar quince millones de mensajes al día). En este punto los *smart contracts* pueden ser uno de los alicientes para la migración respecto a su capacidad de automatizar y ejecutar las órdenes de transferencia una vez fijadas sus condiciones.

Financiación de empresas

Esta adopción puede verse ampliada hacia segmentos similares, como los pagos domésticos o las finanzas comerciales. El SCF es un candidato idóneo para esta tecnología al acompañar el flujo financiero de una red de proveedores. También sería conveniente desarrollar prácticas para emplear *blockchain* en la emisión primaria de bonos o préstamos corporativos, pues permitiría a las partes mantener un registro compartido de las transacciones y automatizar la distribución de pagos conforme a los derechos adquiridos (también es factible ejecutar todas las órdenes a través de *smart contracts*). Por último, actividades *fintech* relacionadas con la financiación vía capital social, como el *crowdfunding,* o vía deuda, como el P2P *lending,* podrían adoptar este sistema al compartir su filosofía descentralizadora.

Mercado de valores

En este campo las actividades relacionadas con la compraventa de acciones (respecto a su liquidación y compensación) pueden estar operadas ya a través de esta tecnología si son ejecutadas sobre un libro compartido que facilite las transacciones y elimine los tradicionales riesgos asociados a la liquidación. Estas soluciones también serían válidas para los derivados y otros activos, como los metales preciosos, el oro o las materias primas. ¿Serían útiles los *tokens* en ambas situaciones?

Un beneficio compartido: el *Know Your Customer* y la identidad digital

El KYC es la obligación normativa que tiene una empresa financiera de identificar y verificar la identidad de un cliente en el proceso de *onboarding* cuando quiere abrir una cuenta bancaria o contratar cualquier servicio financiero[11].

Este proceso de identificación puede incluir varios sistemas de autenticación: el documento de identidad oficial, registros biométricos de audio/voz, una fotografía, mensajes de texto en el teléfono, etc. (en línea con lo expuesto sobre la autenticación reforzada del cliente). Todos los datos y documentos proporcionados por el cliente se compilan y analizan para crear un perfil de comportamiento y de riesgo asociado (y su consiguiente monitorización en el tiempo). Y cada vez que una persona o empresa quiere abrir una cuenta bancaria (o dar sus credenciales para otros trámites) debe repetir el mismo proceso. Pero ¿y si esta documentación estuviera ubicada y validada en único punto y fuera el cliente quien diera acceso a ella según la necesidad? Acudir a modelos descentralizados supone que una persona (o empresa) pueda crear su propio perfil en una red *blockchain* y agregar sus datos financieros, de salud, el carné de conducir o su expediente académico. Otros agentes de la red (p. ej., un banco, el Estado o una compañía eléctrica) solicitarían acceso a estos datos según lo precisaran (para firmar una hipoteca, acreditar los estudios universitarios de cara a una oposición pública o compartir el historial médico de una persona con otros especialistas).

Un desafío para un punto y seguido

En este bloque dedicado a la tecnología que conforma el panorama *fintech banking* han entrado en escena los datos y su gestión, la tecnología de conectividad, la IA, las redes *blockchain* y la tecnología que se propone que los clientes tengan experiencias singulares. Aunque la interoperabilidad tecnológica debe ser una constante en el nuevo paradigma, sin duda su integración deja algunos interrogantes futuros.

Si datos y conectividad casan bien; si IA, datos y API también pueden encontrar un espacio común para la distribución de productos financieros; si todos los datos son útiles para la puntuación crediticia y en muchos países no hay información de los usuarios, ¿podrían estas redes descentralizadas actuar como *datasets* individuales y no necesitar información externa? El escenario se tornará aún más complejo con el IoT, sus miles de dispositivos conectados y las redes de comunicación que han de soportar todas las transacciones mundiales.

10. ¿CUÁNDO SERÉ UN BANCO?

«El tiempo también escribe».

Juan Mayorga, dramaturgo español.

Estamos asistiendo en directo a un cambio de época y, como en todo proceso de transformación, es difícil evidenciar *in situ* las dinámicas que lo impulsan. Y en el centro del siguiente nivel, otra vez, están las personas. Es una época en la que se multiplican exponencialmente los centros decisionales, donde las ciudades vuelven a adoptar un claro protagonismo como ecosistemas económicos impulsores del cambio y en la que conceptos como *complejidad* o *incertidumbre* compiten por ser el sustantivo dominante en la narrativa empresarial.

Se modifican los patrones sociológicos de base, las instituciones tradicionales ven afectada su credibilidad y atributos como confianza, transparencia o privacidad están reajustando su significado colectivo. Además, grupos sociales otrora minoritarios, como la clase creativa[1] o el mismo trabajo autónomo, se asientan en una sociedad que no quiere acostumbrarse a lo repetitivo.

Le exigimos a la tecnología que potencie nuestras capacidades, que aumente nuestra inteligencia como humanos, que nos entienda y nos explique individualmente en una época en la que el contexto personal es sinónimo de singularidad, medida por el anhelo de consumir experiencias únicas. «Prohibido repetir», reza el mantra. Nunca nos bañaremos ya dos veces en el mismo río.

La llegada de la pandemia también precipitó la aceleración de la digitalización de todo, incluyendo al nuevo ecosistema financiero, haciendo que se oriente hacia posiciones más cercanas al cliente y a la gestión personal de sus finanzas. El modelo «muta» hacia un enfoque en el que el cliente toma sus propias decisiones *(self-banking)* y en el que es el centro mismo del ecosistema. La paulatina conversión del dinero efectivo en *bits* de datos, la automatización inteligente de cualquier tarea y la creciente necesidad de operar sin intermediarios (pero sí a través de facilitadores tecnológicos) son ya parte consustancial de la transformación.

Como si fuera un nuevo hombre de Vitrubio, los cimientos sobre los que se estructura este *modus operandi* se desplazarán en torno a las DeFi, la autonomía decisional, la responsabilidad y el propósito y, por último, la identidad.

1. Descentralización

Este proceso amplía tanto el rango de actores que pueden decidir dentro de un sistema como la ubicación desde la que tomar dichas determinaciones. La proliferación de centros decisionales y transaccionales (dispositivos inteligentes conectados desde los que operar) y del número de decisores (auspiciados por la cultura P2P) anticipa una progresiva traslación de las decisiones dentro del universo financiero, un sector hasta ahora limitado en su capacidad.

Esta reestructuración trasladaría el poder decisional hasta su mínima expresión: el individuo. Y para cumplir este cometido es necesario que una tecnología ubicua, fácilmente accesible y con una sistemática homogénea sustente el proceso. Estamos hablado de la *blockchain* y del potencial que muestran las DeFi para crear la base tecnológica de una economía fragmentada, centrada en el individuo y que requiere nuevos mecanismos de coordinación que garanticen la gobernanza dentro de un prisma cultural de comunidad.

El cambio de localización también hará salir a las finanzas de su propio *statu quo* interno y abrir y embeber sus más variopintos productos y servicios en otros ecosistemas: *tokenización* de activos líquidos, cuentas directamente gestionadas por el usuario, pagos en tiempo real, préstamos, sistemas de identidad, etc. La descentralización debe propiciar que algunos servicios, como los movimientos de dinero A2A[2], se conviertan en una *commodity*. En la actualidad la red empleada por el circuito formal soporta costes (legados, infraestructuras, etc.) que las nuevas tecnologías pueden disminuir de forma considerable.

¿Posee la sociedad suficiente madurez para ser parte activa de esta fragmentación?

2. Autonomía

Si la posibilidad de tomar decisiones se amplía exponencialmente con la existencia de tantos dispositivos, la segunda cuestión que debemos abordar es si cada uno de nosotros sabremos tomar decisiones sobre nuestro dinero. Y es que, además de a unas finanzas descentralizadas, el *self-banking* también se rige por conferir y otorgar a las finanzas una dimensión de autonomía decisional. Y para esto, aunque las personas debemos estar formadas, las máquinas serán nuestro soporte inteligente. En una década muchas personas tendrán la posibilidad de controlar y gestionar su vida financiera desde un único lugar.

A lo largo del libro se ha mostrado la tecnología basada en IA desde un único punto de vista: el de las empresas. Pero ¿podrá poseer cada usuario su propio grupo de algoritmos financieros para financiar y refinanciar, para invertir o desinvertir? Todo automatizado, con una puntuación de riesgos precalculada sobre la conducta del propio usuario que busque y negocie los mejores precios en diferentes medios y que ejecute y firme la orden de compra en tiempo real, con un *clic*, un *selfie* o un asentimiento oral.

¿Están preparados los individuos para gobernarse financieramente a sí mismos?

Este nivel de exigencia que parece anticipar el futuro requiere a personas con una amplia base de conocimiento financiero. Por eso cada vez es más frecuente que en las aplicaciones financieras figuren *feeds* con información y noticias que influyan en la vida y la salud financiera de los clientes, *insights* sobre cambios en el mercado, tendencias, diccionarios financieros, acceso a cursos de formación presenciales o tutoriales en vídeo, etc. Aunque se da una paradoja entre la primera y la segunda dimensión: la tecnología predictiva, basada en la recolección e interpretación de cantidades ingentes de datos, tiene un carácter predominantemente centralizador y aglutinador, elementos antagónicos, *a priori,* respecto a la dimensión anterior.

En un futuro la interoperabilidad entre tecnologías, la existencia de silos independientes de datos o de *data lakes* «personales» y la decisión de un usuario de crear cuentas privadas en una red o custodia en una entidad condicionarán el desarrollo futuro del mercado en una dirección u otra.

3. Responsabilidad y propósito

La entrada en escena de una conciencia colectiva mundial volcada en la sostenibilidad medioambiental, la implementación de políticas dirigidas al desarrollo de la economía circular o los proyectos diseñados a partir de los Objetivos de Desarrollo Sostenible (ODS) de la ONU han permeabilizado también en el nuevo ecosistema financiero. Los consumidores empiezan a incluir en sus decisiones variables que tienen en cuenta el impacto de una empresa en su entorno medioambiental, laboral, social, etc. Este alcance no solo se ciñe a las decisiones de compra, sino que también está comenzando a vincularse a las de inversión.

Tal es el impacto previsto que *fintechs* dentro del mundo de la inversión ya proporcionan soluciones de IA que permiten automatizar procesos para inversiones con criterios de sostenibilidad (*Environmental, Social and Governance* [ESG]). Este índice que referencia las inversiones sostenibles tiene especial importancia dentro de ETFs y puede estar vinculado a inversiones en empresas de cualquier sector (energía, moda y textil, etc.). Algunas compañías de reciente creación llevan un tiempo apostando por crear líneas de préstamos «verdes» para financiar productos con alto componente sostenible.

Además de la financiación o la inversión, los PFM también pueden tener un papel preponderante a la hora de concienciar a los usuarios respecto a poner en valor conductas que potencien un consumo responsable. Así pues, el tercer componente del enfoque *self-banking* es ajustar las finanzas a los valores compartidos por la sociedad.

4. ¿Un nuevo mundo, una nueva identidad?

¿Están cambiando la naturaleza y los componentes de la identidad de un individuo en el nuevo paradigma? La tecnología está ayudando a dar forma a nuestras vidas y, aunque nuestra identidad legal es fija, en el mundo digital, conectado y operando en red, una persona podrá poseer «múltiples identidades» sociales vinculadas (o no) a esta dicha identidad legal. Igual sucede con nuestra identidad psicológica. Las tres parecen configurar nuestra nueva identidad personal.

A priori la identidad legal verificaría que somos quienes decimos ser y nuestras identidades psicológica y social describirían más cómo somos, pensamos o nos comportamos. En este punto entra en juego un valioso activo: la reputación personal. Parafraseando a David Birch, «*With trust, you don't need cash*» («Con confianza no necesitas efectivo»)[3]. Cuando pagamos en efectivo en cualquier tienda, el negocio no necesita saber quiénes somos, pero si pagamos con una tarjeta de crédito física o incorporada en nuestro móvil, la situación cambia. Estas transacciones ya están basadas en nuestra identidad.

Lo mismo sucedería si pagáramos con cualquier elemento biométrico. ¿Financiar una compra con la cara? El sistema sabe que nuestra identidad está asociada a una línea de crédito porque nuestra capacidad y voluntad de pago así lo atestiguan en los últimos años. A partir de aquí la clave radica en crear una infraestructura tecnológica que soporte la actividad financiera habitual (pagos, créditos, etc.) de forma segura y en tiempo real[4], una nueva forma de pasaporte que fusione mundo digital y presencial, superando las fronteras entre países, elaborado mediante técnicas criptográficas e integrando varios sistemas de control y autenticación (alfanumérica, biométrica, etc.). Este documento incluiría, con niveles de privacidad, información personal, social, académica, profesional, de salud y financiera de un individuo que fuera útil para situaciones como las migraciones de población ante desastres naturales o conflictos armados, por ejemplo[5].

Esta nueva visión de la identidad podría combinar los dos procesos antagónicos previos: la centralidad por alojar la información en una base de datos con el acceso y la disponibilidad desde cualquier lugar del mundo y cualquier dispositivo conectado. Para que estos datos sean válidos (y tengan legitimidad normativa, social, etc.), deben ser avalados por instituciones confiables o reputadas.

A modo de ejemplo, el consorcio español Alastria[6] ha promovido ID_Alastria, un proyecto de identidad digital basado en la idea de identidad soberana *(Self Sovereign Identity)* que da al usuario el control seguro de sus datos personales para que tengan validez y puedan ser utilizados en cualquier punto de la red Alastria. De esta forma, además de las administraciones públicas, otras entidades se podrían convertir en «proveedores» de identidad o credenciales para crear un marco de actuación distribuido, de carácter federado y colaboración pública y privada para crear un efecto de «confianza en red».

Así, entre los posibles interrogantes que van moldeando el futuro, este libro se ha decantado por priorizar las referidas a la necesidad de descentralizar el universo, de poseer autonomía para tomar decisiones, de que estas respondan a un propósito y, por último, de qué y quiénes seremos cuando los dos mundos sean uno.

Hace unas líneas nos atrevíamos a anticipar que en unos años el banco más grande del mundo no sería un banco; que dentro de algunos años más una persona podría ostentar el mérito de lanzar un *token* con su propio nombre, y que en otros pocos más la confianza sería código y un algoritmo personal nos permitiría negociar y financiar una compra en cualquier país del mundo.

Y es que a lo largo de la historia el éxito de cualquier innovación, desde la corriente alterna hasta los métodos más modernos en logística y distribución, se ha gestado en un único lugar: la «última milla», y en un instante único: el momento de la verdad ante el cliente.

ANEXO. LISTADO DE ÍNDICES QUE MIDEN LA EVOLUCIÓN DEL MERCADO

A continuación, para completar la taxonomía del ecosistema que hemos denominado *fintech banking,* se muestran algunos indicadores que están midiendo la evolución en el plano internacional de actores como los *neo* y los *challenger banks,* la consolidación de la digitalización de la industria y las oportunidades para generar ecosistemas proclives a la banca abierta.

Dada su importancia en nuestro panorama actual, la lista se completa con un índice referido a la evolución de las monedas digitales soberanas y otro que analiza la economía de la suscripción en el ámbito mundial.

Listado de índices del universo *fintech banking*

Índice	Institución	*Web*/URL
The Global Fintech Index	Findexable	https://findexable.com/
Global FinTech Adoption	EY	https://www.ey.com/en_gl/ey-global-fintech-adoption-index
Fintech Onboarding Friction	Incognia	https://www.incognia.com/resources/fintech-onboarding-friction-index
Challenger Banks Index	Fincog	https://fincog.nl/
Worldwide Neobanking Index	Exton	http://extonconsulting.com/

Índice	Institución	*Web*/URL
Digital Banking Apps	Pymnts	https://www.pymnts.com/digital-banking-apps-ranked/
Digital Banking Maturity Index	Deloitte	https://www2.deloitte.com/ce/en/pages/financial-services/articles/digital-banking-maturity-2020.html
Open Banking Readiness Index	Finastra	https://www.finastra.com/solutions/innovation/open-banking-readiness-index
Open Banking Opportunity Index	EY	https://www.ey.com/en_gl/open-banking-opportunity-index
Open Banking Monitor	Innopay	https://www.innopay.com/en/innopay-open-banking-monitor
CBDC Global Index	PwC	https://www.pwc.com/gx/en/industries/financial-services/assets/pwc-cbdc-global-index-1st-edition-april-2021.pdf
The Subscription Economy Index	Zuora	https://www.zuora.com/resource/subscription-economy-index/

Fuente: Elaboración propia a partir de información publicada por las instituciones.

NOTAS

Capítulo 1

1. Bain and Dynata (2019). *Retail Banking NPS survey.*
2. Boston Consulting Group (2019). *Retail Banking Advisory Survey.*
3. Deloitte (2020). *Digital Banking Madurity: How Banks are responding to digital (r)evolution?* 4th ed.

Capítulo 2

1. Parker, Geoffrey G., Van Alstyne, Marshall W., Choudary, Sangeet Paul (2016). *Platform Revolution: how networked markets are transforming the economy and how to make them work for you.* New York: W. W. Norton & Company.
2. FT Partners (2021). *Open Banking: Rearchitecting the Financial Landscape.*
3. En España se aprobó el Real Decreto Ley 19/2018, de servicios de pago, para transponer esta normativa a nuestro ordenamiento. Disponible en: https://www.boe.es/buscar/act.php?id=BOE-A-2018-16036
4. Open Banking Monitor. Disponible en: https://www.innopay.com/en/innopay-open-banking-monitor
5. Radar TPP. Disponible en: https://www.innopay.com/en/publications/innopays-tpp-radar-europe-gearing-use-access-accounts-under-psd2
6. Las tecnologías de conectividad se desarrollarán con mayor profundidad en el capítulo 9.
7. Si las estrategias *market-driven* se caracterizaban por necesitar un gran despliegue geográfico, con sus consabidos costes, una estrategia *tech-driven* permiten construir productos y servicios sobre la tecnología, de tal forma que «se fabrica una vez» aunque se distribuya en numerosos puntos y disminuyendo los costes de fabricación y distribución
8. Basilea III se ha integrado en el Marco de Basilea consolidado, que abarca las normas actuales y futuras del Comité de Supervisión Bancaria de Basilea. Disponible en: https://www.bis.org/bcbs/basel3_es.htm

9. Reglamento (UE) 2016/679, aplicable desde el 25 de mayo de 2018.
10. Véase información sobre MiFID en: http://cnmv.es/portal/MiFIDII_MiFIR/MapaMiFID.aspx
11. Reglamento (UE) 2020/1503, de 7 de octubre, para proveedores europeos de servicios de financiación participativa para empresas.
12. Ley 5/2015, de 27 de abril, de fomento de la financiación empresarial.
13. Ley 7/2020, de 13 de noviembre, para la transformación digital del sistema financiero.
14. Para ampliar la información sobre este mecanismo europeo, véase: https://www.eba.europa.eu/regulation-and-policy/passporting-and-supervision-branches
15. CB Insights (2020). *The State Of Fintech Report: Investment & Sector Trend.* Disponible en: https://www.cbinsights.com/research/report/fintech-trends-q4-2020/
16. *Ibid.*
17. El Global Financial Literacy Excellence Center realiza informes periódicos sobre la evolución de la educación financiera a nivel mundial. Disponible en: https://gflec.org.

Capítulo 3

1. Jean-Baptiste Lamarck. *Filosofía zoológica* (1809).
2. Medici y Open (2020). *Banking as a Service: An Objective Analysis*. p. 4.
3. No todos los nuevos bancos digitales implementan esta actividad de forma externa; algunos han decidido desarrollar su infraestructura bancaria de forma interna.
4. S&P Global Market Intelligence (2020) a partir de datos de 451 *Research's VoCUL: Connected Customer, Consumer Population Representative Survey.*
5. El *Financial Stability Board* publicó en 2019 el cómputo total de actividades financieras que llevan a cabo estas empresas.
6. CB Insight (2019). *How's Asia Internet Giants Are Creating The Playbook for Fintech Super Apps.* Disponible en: https://www.cbinsights.com/research/report/asia-internet-giants-fintech-playbook/
7. Accenture Banking (2021). *Top 10 trends for 2021.* Disponible en español en: https://www.accenture.com/_acnmedia/PDF-146/Accenture-Banking-Top-10-Trends-2021-Espanol.pdf
8. Filial de la operadora francesa Orange. Véase toda la información en: https://orangebank.es/
9. Véase toda la información en: https://www.kakaobank.com/

10. EY (2020). *How a social media firm created Korea's fastest growing bank*. Disponible en: https://www.ey.com/en_gl/banking-capital-markets/how-social-media-firm-created-south-korea-s-fastest-growing-bank
11. Revista *Inforetail* (12 de enero de 2021). «Walmart entra en el sector de las *fintech*». Disponible en: https://www.revistainforetail.com/noticiadet/walmart-entra-en-el-sector-de-las-fintech/97ca9d3b7b4bb01bcf6724b8ae794d3b
12. *Cinco Días* (11 de noviembre de 2020): «Renault lanza en España su banco de ahorro digital». Disponible en: https://cincodias.elpais.com/cincodias/2020/11/11/companias/1605090238_655594.html
13. Para más información, véase: https://www.enelx.com/it/en/financial-services
14. Véanse las especificaciones de este grupo de trabajo de la EBA en: https://www.eba.europa.eu/regulation-and-policy/payment-services-and-electronic-money/eba-working-group-on-apis-under-psd2
15. Para más información, véase: https://www.nacha.org/content/about-us
16. Capgemini Financial Services (2019). 2019 *WFTR-Banking and Fintech Executive Interview Service.*

Capítulo 4

1. Índice elaborado anualmente por la consultora internacional EY. Los datos se refieren al informe publicado en 2020. Véanse más detalles en: https://www.ey.com/en_gl/ey-global-fintech-adoption-index
2. En el caso de España el banco de pruebas regulatorio (Sandbox) está amparado por la Ley 7/2020, de 13 de noviembre, para la transformación digital del sistema financiero.

Capítulo 5

1. Cabe recordar que con ellos compiten los neobancos creados por otras entidades y descritos en el epígrafe «Las caras del cambio» del capítulo 3.
2. En el caso de empresas pertenecientes a la Unión Europea, también podrían estar afectadas por la Segunda Directiva Europea de Pagos y registrarse como TPP y en sus diferentes formas (PISP o AISP).
3. Idea propuesta para el segmento de *Digital Challengers Banks* por BCG extraído de su publicación *Fintech Control Tower* (2020).
4. Optima Consultancy (2021). *Optima Mobile Banking App Review 2020* (6th ed.). Datos referentes a Reino Unido y analizados sobre cien aplicaciones móviles bancarias.

5. En el caso europeo esta modalidad de empresa está obligada a registrarse como proveedor de servicios de consulta de información bancaria (AISP), según la PSD2.
6. La SEPA incluye las transferencias de dinero dentro de una área única de pagos europea que afecta a todos los envíos entre países miembros.
7. *TIPS y el futuro de las soluciones de pagos minoristas innovadoras en Europa*. Discurso pronunciado por Yves Mersch, miembro del Comité Ejecutivo del BCE, con ocasión de la puesta en funcionamiento de TIPS. Frascati (Roma), 30 de noviembre de 2018. Disponible en: https://www.ecb.europa.eu/press/key/date/2018/html/ecb.sp181130.es.html
8. Antes de 2021, TransferWise.
9. Para ampliar esta información, véase: https://minnatechnologies.com/2020/04/11/new-data-shows-that-bank-customers-need-for-subscription-management-is-real/
10. El modelo de plataforma de financiación participativa se explicará en el capítulo de empresas dada la mayor repercusión que tiene en este segmento.
11. En este término no se incluyen comparadores o agregadores de información de productos hipotecarios o de financiación al consumo.
12. FinTech Spain (2019). *Estudio sobre conductas de ahorro e inversión*. Disponible en: https://fintechspain.com/wp-content/uploads/fintech-inside-iv-ahorro-e-inversion.pdf
13. En la UE los depósitos y sus requerimientos están asegurados por el Fondo de Garantía de Depósitos.
14. En España esta modalidad deempresas en concreto está registrada en el regulador como agencia de valores.
15. En la UE esta cuenta asociada también está amparada en el Fondo de Garantía de Depósitos.
16. Indexa Capital es el cuarto gestor europeo fintech por volumen gestionado (AuM). https://blog.indexacapital.com/tag/aum/
17. Fuente: Medici a partir de datos publicados por Forbes y SEC.

Capítulo 6

1. La idea de tienda abarca cualquier industria: alimentación, turismo, ocio, grandes almacenes, restauración, etc. En el argot técnico a esta figura se la conoce como *merchant*.
2. Cabe recordar que muchos de estos neobancos compiten con cuentas de pago, no con cuentas bancarias (con código IBAN) propiamente dichas, y que poseen pasaporte europeo.
3. La agregación de cuentas no es exclusiva de los nuevos gestores se puede proporcionar también desde otros modelos digitales de banca.

4. En este apartado se han considerado también las empresas de *software* empresarial más tradicionales analizadas en el epígrafe «Las caras del cambio» del capítulo 3 que han incorporado herramientas que integran tecnología y finanzas.
5. En la Unión Europea existe un protocolo de alta seguridad en esta actividad denominado PCI-DSS. Este y otros requerimientos sobre esquemas de pagos se pueden consultar en el European Payments Council: https://www.europeanpaymentscouncil.eu/search?qry=&kb%5B0%5D=ctype%3Akb_document
6. Figura explicada en el capítulo 2 en el apartado dedicado a la banca abierta.
7. En el caso de la UE, domiciliaciones en cuenta y débito directo se encuentran bajo la normativa SEPA.
8. El Banco Santander adquirió Ebury a finales de 2019.
9. A lo largo del texto se empleará el término *lending* para referirse a los proyectos de deuda, mientras que los vinculados al capital social llevarán el nombre *equity*.
10. Para más información sobre factoring, véase: https://guiasjuridicas.wolterskluwer.es/Content/Documento.aspx?params=H4sIAAAAAAAEAMtMSbF1jTAAAUMjAwtLtbLUouLM_DxbIwMDCwNzAwuQQGZapUt-ckhlQaptWmJOcSoAtsfCKDUAAAA=WKE#:~:text=Como%20el%20contrato%20de%20factoring,con%20especial%20incidencia%20de%20la y sobre *confirming*: https://guiasjuridicas.wolterskluwer.es/Content/Documento.aspx?params=H4sIAAAAAAAEAMtMSbF1jTAAAUMjIFYrSy0qzszPswVyLAzMDSxAAplplS75ySGVBam2aYk5xakAq2p4hjUAAAA=WKE
11. Cambridge Center for Alternative Finance (2020). *The Global Alternative Finance Market Benchmarking Report*.
12. Universidad Complutense de Madrid y Universo Crowdfunding (2020). Informe sobre el Crowdfunding en España 2019.

Capítulo 7

1. Fuente: "El Salvador aprueba el uso del bitcoin como moneda de intercambio". El Economista, 21 de junio de 2021. Disponible en: https://www.eleconomista.es/mercados-cotizaciones/noticias/11261608/06/21/El-Salvador-aprueba-el-uso-del-bitcoin-como-moneda-de-intercambio-es-el-primer-pais-en-hacerlo.html
2. Las técnicas criptográficas hacen que este tipo de activos digitales estén seudonimizados, no anonimizados como comúnmente se cree.
3. Barrio Andrés, Moisés (2021). *Criptoactivos. Retos y desafíos normativos*. Madrid. Wolters Kluwer.

4. Según la normativa europea, una moneda virtual es la representación digital de valor no emitida ni garantizada por un banco central o una autorización pública (definición recogida en el Real Decreto-ley 7/2021, de 27 de abril, disponible en: https://www.boe.es/boe/dias/2021/04/28/pdfs/BOE-A-2021-6872.pdf).
5. Bank of England (2020). Central Bank Digital Currency: Opportunities, challenges and design. Discussión Paper. Future of Money.
6. The two sides of the (stable)coin (2020). Discurso de Fabio Panetta, miembro del Executive Board of the ECB. Il Salone dei Pagamenti.
7. Bank of International Settlements (2020). Central Bank Digital Currencies: foundational principles and core features. Disponible en: https://www.bis.org/publ/othp33.htm
8. Observatorio Blockchain (9 de septiembre de 2020). *La revolución de los datos: IoTex lanza infraestructura financiera para su cotización.* Disponible en: https://observatorioblockchain.com/blockchain/la-revolucion-de-los-datos-iotex-lanza-infraestructura-financiera-para-su-cotizacion/
9. Financial Conduct Authority (2019). *Guidance on Cryptoassets*. Consultation Paper. CP19/3*.
10. En *The business blockchain: Promise, Practice and Application of the Next Internet*, publicado en 2016 por William Mougayar, aparecen diversos modelos y formas de monetización basadas en esta nueva tecnología.
11. What is staking in crypto? Capital.com. 7 junio 2021. Fuente: https://capital.com/what-is-staking-in-crypto-a-closer-look-at-the-rise-of-pos
12. Sygnum first Bank to offer Ethereum 2.0 staking. 6 de julio de 2021. Fuente: https://www.insights.sygnum.com/post/sygnum-bank-now-offers-ethereum-2-0-staking
13. Criptonoticias. *Máquinas expendedoras aceptan yuan digital en Shanghái* (24 de febrero de 2021). Disponible en: https://www.criptonoticias.com/comunidad/adopcion/maquinas-expendedoras-aceptan-yuan-digital-shanghai-china/
14. MasterCard. *The Bahamas is «disaster-proofing» payments with its first-ever digital currency* (18 de febrero de 2020). Disponible en: https://www.mastercard.com/news/perspectives/2021/the-bahamas-is-disaster-proofing-payments-with-its-first-ever-digital-currency/?mc_cid=1890f5ee5a&mc_eid=e52e1a2c81
15. Medici (2020). *Status of CBDC Developments Across Countries*. Disponible en: https://gomedici.com/status-of-cbdc-developments-across-countries
16. *Íbid.*

17. European Central Bank. *Report on a digital euro* (octubre de 2020). Disponible en: https://www.ecb.europa.eu/pub/pdf/other/Report_on_a_digital_euro~4d7268b458.en.pdf#page=4
18. European Commission staff presentation (octubre de 2020).
19. Más información sobre Smart Money en: https://www.iberpay.es/
20. Sus *tokens* ya tienen capitalización de mercado propia.
21. Rana Foroohar. «The age of wealth accumulation is over». *Financial Times*, 4 de agosto de 2019. Disponible en: https://www.ft.com/content/fd13020e-b502-11e9-bec9-fdcab53d6959
22. https://publiq.network/
23. IoT Analytics (2020). *State of the IoT 2020*. Disponible en: https://iot-analytics.com/state-of-the-iot-2020-12-billion-iot-connections-surpassing-non-iot-for-the-first-time/
24. Cointelegraph Consulting (2020). *DeFi Adoption 2020: A Definitive Guide to Entering the Industry*.
25. Según esta misma fuente, adicionalmente se han creado los *wrapped tokens* para representar los tokens de otras blockchain diferentes a Ethereum.
26. El País. «Christie's vende su primera obra digital por 57 millones de euros». Consultado en marzo de 2021. https://elpais.com/cultura/2021-03-11/christies-vende-su-primera-obra-digital-por-mas-de-57-millones-de-euros.html
27. Observatorio Blockchain. «*Time* subasta 3 NFT y busca un jefe financiero que sepa *bitcoin* y criptomonedas». Consultado en marzo de 2021. Disponible en: https://observatorioblockchain.com/nft/time-subasta-nfts-y-busca-jefe-financiero-comodo-con-bitcoin-y-criptomonedas/
28. Para una definición más detallada, véase: https://mundonft.com/todo-lo-que-necesitas-saber-sobre-el-metaverso/

Capítulo 8

1. Fuente: "BoE and BIS launch London banking hub for post-pandemic tech boom". CityAM. 11 de junio 2021. https://www.cityam.com/boe-and-bis-launch-london-banking-hub-for-post-pandemic-tech-boom/
2. Las API pueden tener funcionalidades internas en la empresa, aunque se ha priorizado su perspectiva externa dada su relevancia en la creación de ecosistemas, como se detalla en el próximo capítulo.
3. Marr, Bernard (2018). *Data Strategy: Cómo beneficiarse de un mundo* de big data, *analytics e internet de las cosas*. Editorial Teell. pp. 86-95.

4. Hong, Sun-Ha (2020). *Technologies of Speculation: The Limits of Knowledge in a Data-Driven Society*. New York. New York University Press.
5. En este epígrafe no se entra a valorar las diferentes tipologías de nubes: privadas, públicas o mixtas. Para profundizar más en este tema, véase: https://www.redhat.com/es/topics/cloud-computing/public-cloud-vs-private-cloud-and-hybrid-cloud
6. *Ibid.*

Capítulo 9

1. ProgrammableWeb. Dato consultado en abril de 2021.
2. Información combinada extraída de: Innopay and The Paypers (2020). *Open Banking Global State of Play*; Accenture (2020). *Open Banking Future State Report*; Platformable and Axway (2020). *Open Banking APIs State of the Market Report Q3 2020*. IDC España (2020). Open Banking: *Cómo aprovechar las API para ofrecer servicios financieros más competitivos*.
3. *Íbid.*
4. La ISO/IEC 38505-1:2017 define el aprendizaje automático (*machine learning*) como un proceso que usa preferentemente algoritmos y que permite aprender a partir de datos existentes para predecir resultados futuros. Para más información, véase: https://www.iso.org/standard/56639.html
5. Este tipo de aprendizaje lleva a cabo el proceso de *machine learning* usando una red neuronal artificial compuesta por un número de niveles jerárquicos. En el nivel inicial de la jerarquía la red aprende algo simple y luego envía esta información al siguiente nivel. El siguiente nivel toma esta información sencilla, la combina, compone una información algo más compleja y se lo pasa al tercer nivel, y así sucesivamente. En: https://www.indracompany.com/es/blogneo/deep-learning-sirve
6. European Banking Authority. EBA Report on Big Data and Advanced Analytics. January 2020. EBA/REP/2020/01.
7. Para desarrollar en profundidad este debate, véase: Coeckelbergh, Mark (2021). *Ética de la inteligencia artificial*. Madrid. Ediciones Cátedra.
8. Art. 4.14 del Reglamento General de Protección de Datos (RGPD).
9. Existe un cuarto modelo que surge como combinación de los dos primeros, denominado *híbrido*, con una red pública que aloja una red privada.

10. Ripple o Interledger son protocolos *blockchain* empleados específicamente por algunos bancos para facilitar pagos internacionales en tiempo real y a menor el coste. Por su parte, SWIFT está trabajando con Hyperledger Fabric.
11. Esta obligación incluye prácticas de prevención sobre el blanqueo de capitales y la financiación de actividades delictivas.

Capítulo 10

1. Pablo Blasco Bocigas (2014). *¿Qué tal si España apuesta por su clase creativa?* Disponible en: https://www.sintetia.com/que-tal-si-espana-apuesta-por-su-clase-creativa/
2. Este sistema está incluido en los servicios de transferencias inmediatas de algunos países dentro del sistema bancario formal.
3. Birch, David (2014). *Identity is the new money.* London Publishing Partnership.
4. Reino Unido ya ha implementado este tipo de instituciones.
5. La identidad puede ser materializada por credenciales simples (como «es graduado en Economía», «es mayor de edad» o «tiene fondos suficientes en la cuenta») o más completas.
6. Se basa en tecnología *blockchain* y está compuesta por entidades financieras, despachos de abogados, empresas energéticas, organismos académicos y administraciones públicas. Para más información, véase: https://alastria.io/id-alastria/

«Una época (el Renacimiento) en la que la historia corría más deprisa que los hombres que la protagonizaron».

Pico della Mirandola. Carlos Goñi, ensayista español.